suncolor

suncolor

生命最後三通電話你會打給誰？

MY LAST THREE PHONE CALLS

及時道謝、道歉、道愛、道別，不負此生

郭憲鴻（小冬瓜）著

suncolor 三采文化

前言

尋找自己的人生答案

五月天的〈諾亞方舟〉裡，有幾句歌詞唱著：「如果今夜就要和一切告別，如果你只能打一通電話，你會撥給誰？」

我對這幾句歌詞有很深的體會，因為在陪伴家屬及臨終病人的過程中，我時常會發現，即使我們每個人都明白「人生無常」、「愛要及時」這些道理，但事實上，在面對生離死別時，我們總會驚覺自己所做的遠比自己所明白的少。

但我相信，成為大人以後的我們都懂，並不是我們只想把道理掛在嘴邊。而是生命就像燭光，當燭光還很明亮的時候，能夠照亮的範圍就是比較廣……我們會關心公司裡的業績、人際上的困擾……各式各樣的煩惱都有。

等到生命之火逐漸變弱，能夠照亮的範圍自然會越縮越小。當我們能關心的事情也變得越來越少時，這束微弱的火光到最後，就真的只能照亮我們自己，以及與我們連結得最深刻的幾段親密關係。

許多臨終病人，在發現生命已經走上最後一里程時，最開始還會擔心未完成的工作要交接給誰、遺產要怎麼分配等。漸漸地，連坐著也會覺得累的時候，能思考的，已經和最初完全不一樣了。

我曾見過，許多人在這一刻才發現，原來內心惦記的，是一個已經失去聯絡的人、一句沒說出口的話、一件沒有鼓起勇氣去做的事，或是一個始終沒有彌補的遺憾……

但我也能明瞭，沒有人能夠真正把每一天，都當作人生最後一天。如果今天就是最後一天，我應該會緊緊抱著孩子不放，不可能還在這裡書寫，更不可能有心處理工作或其他事物。

因此，我寫這本書的目的，一方面是希望透過書寫，和大家分享我在職場上的所見所聞，以及我陪伴父親走過人生最後一段路、度過喪親之痛的親身經歷。希望提供大家一些不同的面向與觀點，讓大家及早正視死亡，思考生命之於我們的意義。

但另一方面，我也希望大家能夠明白，雖然這本書裡有著許多故事、充滿著人生百態，或許這些故事會令我們產生許多價值判斷，但也請理解，那並不是所謂的「標準答案」。

每個人在生命中遇到的每種狀況，都是對當事者的考驗。選擇這樣進行，抑或是那樣度過，每個選項都有各自的難處與益處，沒有絕對的完美，更沒有絕對的失敗。重點在於有意識的選擇，並且覺知到，什麼樣的角度能讓自己更自在。

所以，最後一刻時，到底能不能打電話、具體要打幾通電話，這些都不重要。重要的是，希望大家在忙碌之餘能夠想想，有朝一日，當生命真的來到盡頭，自己想和誰說話、又想對他們說什麼？有沒有哪些話，一直被我們放在內心深處，明明知道應該要說，卻遲遲沒有開口？

三通電話，說多不多，說少不少，在這樣有所限制的篩選下，你想道謝、道歉、道愛，還是道別？

祝福每位打開這本書的你，都能夠在閱讀完這本書之後，找到屬於你的人生答案。

郭憲鴻（小冬瓜）

目錄
Contents

目錄
Contents

目
Contents
錄

Chapter 3

陪伴與聆聽：生者的傷痛與愛，一輩子

Chapter *1*

單程旅行

好好道別，生死兩相安

喪禮是個很中立的平台，每個人有各自的期待，
勢必有需要妥協及讓步的部分。
雖然沒有完美喪禮，但一定有相對圓滿的喪禮。
這世上不是還有我們殯葬業者嗎？
你負責好好活著，死後，就交給我們吧。

單程旅行社

你好，我們有單程機票，只送「去」不送「回」。
專辦兩種簽證，一種往西天淨土，另一種往極樂世界，
請問你要哪一種？

成立頻道「單程旅行社」之前，有很多人認識我的原因，是由於我有位鼎鼎大名的父親——綽號「冬瓜」的殯葬達人郭東修。而這也是我被暱稱為「小冬瓜」的理由。

我的父親是位從黑道洗白、投身殯葬事業的浪子。他遊走於黑白兩道之間，上過許多談話性的電視節目、著有《黑夜裡的送行者》一書，也曾因安葬許多無名屍入土為安，而被政府表揚，人生故事充滿傳奇色彩。

「單程旅行社」這個頻道名稱的由來，和我父親也有著很深的淵源。父親的禮儀公司因為地緣的關係，電話號碼和幾間旅行社的號碼很相近，時常接到客戶誤撥的電話。

「喂？旅行社嗎？我要訂機票。」

「好啊，我們有單程機票，只送『去』不送『回』。專辦兩種簽證，一種往西天淨土，另一種往極樂世界，請問你要哪一種？」

每當接到這樣的電話，父親都會這麼告訴對方，而他幽默的回答總是把對方逗得好氣又好笑。

從那時候開始，我心裡就隱隱約約有了「單程旅行社」的雛形。「送行」和「旅行」是相同的概念，只「去」不「回」。

我們每個人的人生，都是一場又一場的單程旅行。

殯葬重要到連命都不顧？

父親晚年時罹患了癌症。

在他住院的最後那段時間，癌細胞擴散到骨髓與脊椎，令他身體虛弱，疼痛得苦不堪言。他身上插著許多管線，連接著各式各樣的點滴與

我的父親是位從黑道洗白，投身殯葬業的浪子，
人生故事充滿傳奇色彩。

設備，就連我們要扶他起床，都得用一個非常不符合人體工學的特殊角度，才能將他扶起身。

病重的父親自然沒辦法去上班，只是礙於種種考量，我們沒辦法對外發布他病重的消息，一律說他「出差」或是「旅行」。

有天，父親的好友打電話給他，劈頭就對他說：「冬瓜，我家裡有人往生了。我誰都不信，只信你啦！你來幫我挑棺木，別人挑的我都不要！」

父親好友的聲音非常宏亮，守在病床旁的我聽得一清二楚。

坦白說，挑棺木並不是大事，更不是任何儀式重要的環節，在我心裡，這件事根本沒有重要到必須讓癌末的病人親自走一趟，只要委婉地找個理由拒絕就行。

沒想到父親電話一掛，竟立刻對我說：「走，我們去挑棺木。」

「什麼？」我嚇傻，簡直不敢相信耳朵聽見的，更驚人的是，當我還沒反應過來時，父親已經把身上插著的管線全都拔掉了。

「傻愣在那裡衝啥？快去開車，走了啊！」父親連聲催促我，在病房裡鬧出了很大的動靜，驚動了護理師。

護理師急得發慌，衝進病房裡留人，好說歹說地勸父親，但父親勢在必行，誰都攔不住。最後，連醫師也來了，甚至還對父親撂下狠話：「郭先生，只要你走出這個醫院大門，後果自負！」

父親幹譙了醫師一連串髒話。

我頭疼得不得了，對醫護人員感到很抱歉，開口勸父親：「爸，醫生都這樣講了，公司的事情交給別人處理，你不要這樣啦。」

「你捌啥小！」父親怒瞪我一眼，狠狠地一句台語髒話丟過來，砸得我只好閉上嘴。

能怎麼辦呢？他是病人，誰也拗不過他，最後我只好摸摸鼻子，既無奈又生氣地去開車。

當時父親住在台北榮總，而挑選棺木的地方在第一殯儀館附近，這段路程只有短短的二十分鐘，卻是我記憶中最漫長的一段路。

父親身上穿著病人服，手上掛著病人的識別手圈，我找了一件大衣包裹住他孱弱的身體，花了很大的功夫，才終於讓他坐進後座。

他在後座痛苦地呻吟、急喘、悶哼，每一聲都很淒厲，像指甲刮黑板，在我耳膜上撓出一道道尖銳的刻紋。

癌症早已將他折磨得十分虛弱，必須依靠好幾種點滴給藥，才能稍稍舒緩疼痛。如今他將那些管線全拔了，感受到的痛苦絕對是在醫院時的好幾倍。

我比誰都清楚，父親的性格很剛硬、很能忍，他此刻一定痛得不得了，才會疼得叫出聲。更糟的是，沿途路況並不是很好，路面上隨便一個窟窿，都顛簸得像要置他於死地。

我真的很想分擔他的痛苦，即使只是一絲一毫也好，然而什麼都做不到。

我很心疼他，也很氣他，不明白他為什麼要把自己搞成這樣，這件事簡直很荒謬。更荒謬的是，他在車上痛得要命，一進棺木店，老闆問他：「冬瓜，怎麼這麼久沒看到你？你臉色不太好吔！」

他明明前幾分鐘還痛不欲生，額角殘留著冷汗，居然能立刻打起精神來，笑著對老闆說：「沒有啦，小感冒而已啦。」接著精神抖擻地去幫好友挑選棺木，就好像剛剛在車上哀號的那個人不是他一樣。

那晚，我坐在父親的病床旁，腦海裡思緒很多、很雜亂。

我一直在想，醫生說父親剩下的時間不到三個月，在這段最後的時光裡，為什麼他還放不下工作？殯葬真的有這麼重要？重要到能夠讓他連命都不顧？

「你在看啥？」察覺到我的視線，在外折騰了一天的父親，虛弱地看向我。

我猶豫了一會兒，終於鼓起勇氣問他：「爸，你為什麼要這樣？你的大半輩子已經都奉獻給家屬了，把最後這段時間留給自己不好嗎？即使只是多聽一首歌、多看一部片都好啊，至少不會那麼痛苦。」

父親笑了，像是這個問題很傻。

他說，他以前在社會底層打滾，浪流連、混黑道，當年跟他一起混的兄弟，要不是吸毒過量致死，就是被亂刀砍死、妻離子散，幾乎沒有人能善終。如果他沒有來做殯葬，結局大概也會是那樣。

殯葬就像是那條垂進地獄裡的繩子，將他從歹路拉回正途。因為有殯葬，他才知道，原來在這世界上，還有人需要他、信任他；原來，曾經是個歹囝的他，也能當個對社會有貢獻的好人。在殯葬業，他實現了自我，找到人生的價值；如果沒有殯葬，他不會有今天。

說這些話時，父親眼裡有種很耀眼的光采，那是一股很深沉的執著與熱愛。

我深深地被震懾，覺得人這輩子如果能找到一個答案，像殯葬之於父親這樣，能令自己講到眼睛發光，是一件非常迷人的事情。

父親的答案是殯葬，那我的呢？

我望著他，沉默了很久。

這陣子，明白自己來日不多的父親，曾不止一次提出希望我接下他事業的要求，但我心裡十分徬徨，遲遲沒有做出決定，而這件事鬆動了我的抗拒。

雖然我不知道自己的人生答案是什麼，但我想，既然殯葬是父親的一生志業，直到病重也無法放下，那麼，無論如何，我都應該守護父親的夢想。

「好，我答應接班。」

最後，我在父親的病床前，許下了承諾。

“

殯葬就像是那條垂進地獄裡的繩子，將他從歹路拉回正途。

”

ROCK人生

即將要接手父親事業的計畫，我以：「再見了，**ROCKER**。」向我的青春與夢想道別。但我的老師卻說：「你在開什麼玩笑？你現在超 **ROCK**！」

雖然承諾了父親要接班，但我內心還是很不安。

父親過世時，我才二十三歲。我讀的是復興美工，學的是藝術，熱愛音樂。面對藝術，我沒有那麼卓越，而面對人生，我還很茫然。我並沒有具體想像過未來會從事什麼行業，但無論如何，絕不會是殯葬。

我有種壯志未酬的感覺，好像以後就要和自己的夢想說再見，扮演一個自己不知道能不能勝任的角色。

有個夜裡，我很徬徨，喝了點酒，在自己的社群帳號上抒發心情，寫下了即將要接手父親事業的計畫，最後以：「再見了，ROCKER。」向我的青春與夢想道別。

沒想到睡醒之後，底下的留言卻炸鍋了。

「太帥了吧！」

「超酷的！」

「好樣的你！」

我的老師甚至還跑來留言：「你在開什麼玩笑？你現在超ROCK！」

我剛睡醒，迷迷糊糊的，根本看不懂老師在說什麼，幸好國中時英文單字背得還不錯，ROCK的說明立刻像跑馬燈一樣，竄進腦海裡：

【ROCK】大石、撼動、搖晃、震驚、顛覆……

呃？這麼一想，從各方面來說，殯葬好像真的很ROCK喔？至少，它撼動了父親的人生，也即將顛覆我的人生。

西裝就是我的盔甲

託老師的福，我對接班這件事沒那麼恐懼了，但還是十分忐忑。

每天早上，我戰戰兢兢地穿起西裝、打起領帶、走出家門，假裝自己沒聽見那些如浪潮般湧來的耳語。

「呵，第二代？」「才幾歲，毛還沒長齊，什麼都不懂啦！」「年輕人終究是年輕人。」

為了不讓人看輕，我用最短的時間熟背殯葬流程，搞懂所有的儀式，對著鏡子練習如何面對家屬；甚至跑進書局裡，尋找有沒有叫做《第一次開葬儀社就上手》、《寫給葬儀社老闆的五十個守則》……之類的書。

當然，最後我什麼也沒找到。我只能硬著頭皮，告訴自己且戰且走，盡量做、努力做，至少要做到不能再繼續為止。

西裝就像是我的盔甲，我必須穿著它，才有勇氣去面對每一天。

那時候，有很多人告訴我：「我是你爸的好朋友，我會好好照顧你。」以及「安啦，你一定可以。」

但我心裡很不安，更不確定自己可不可以。我只知道我一點都不想做生意，一點都不想應酬，一點都不想喝酒，然而沒一件能避免。

有個宿醉的早晨，我聽見員工叫我的聲音，昏昏沉沉地睜開眼，才發現自己褲子脫了一半，昏睡在公司的廁所裡。

我是誰？我在哪？我在這裡做什麼？

我知道我是冬瓜的兒子，大家都叫我小冬瓜，但「小冬瓜」是誰？小冬瓜真的是我嗎？

我根本回想不起來自己昨晚何時離開應酬場合、怎麼離開的，更別提又是怎麼跑來公司、睡在廁所的。

接班後的這段日子裡，我拚命裝懂、裝老，假裝自己什麼都扛得住。當遇到難以招架的情況時，還曾經先將對方請到會議室外，然後把門關起來，自己躲在裡面哭，哭完，再繼續笑著和對方談。

我很想守住父親的殯葬事業，將父親的理想發揚光大，但有些時候，面對這樣的生活模式，以及葬禮種種繁雜的儀式，我也會感到非常茫然。

我問自己：這真的是我想要的生活嗎？這又是我想要的葬禮嗎？如果我哪天過世了，我會想走這些流程、貫徹這些儀式嗎？假如連我自己都不想做，卻要客戶做，這樣不是很矛盾？

我懷抱著這樣的忐忑與疑問，直到遇見藍先生。

人這輩子如果能找到一個答案，像殯葬之於父親，講到眼睛發光，是件迷人的事。父親的答案是殯葬，那我的呢？

“

我拚命裝懂、裝老，
假裝自己什麼都扛得住。
這真的是我想要的生活嗎？

”

殯葬的重量

藍先生突然一反輕鬆的神色，鄭重地對我說：「郭先生，我對你只有一個期待，就是讓我太太在葬禮上當個廢人。我希望她能夠什麼都不用做，只要負責哭就好。」

接班後不久，藍先生打電話給我，問我能不能到他家裡做諮商，他想了解葬禮該如何進行，需要跑什麼流程、安排什麼儀式。

我原以為藍先生是想和我討論家屬的葬禮該怎麼做，於是和他約定好時間，立刻就前往他家。沒想到抵達之後，才知道我完全搞錯了。

藍先生告訴我，他找我來，是想為自己做準備、做規劃。醫生說他的時間已經不多了。

我是第一次往生

當時，藍先生的黃疸指數很高，不誇張，那是我第一次知道，原來人的臉色可以黃得和香蕉一樣。

藍先生很虛弱，卻很有元氣，我知道這很矛盾，但實際情形就是如此，明明看得出他身體難受，但他中氣卻很足，還有心情開玩笑。

他對我說：「來來來，我沒經驗，這是我第一次往生，很多事情都不懂。你專業，你來教我。」

誰不是第一次往生啦？難道還能往了再往嗎？

我被他逗得哭笑不得，突然意識到眼前的情景很微妙。以往在葬禮上，如果想得知當事人的想法，必須透過「擲筊」才能辦到，而如今我竟然能親自和當事人討論葬禮該怎麼進行。

我第一次遇到這樣的狀況，有點忐忑，於是按部就班地對藍先生說明流程。

我說，既然他現在是在家休養，那他在家離開的機率就很高。到時候，請藍太太在第一時間聯絡我，我會立刻派人過來，幫他洗澡、換好衣服、蓋往生被，然後聽念佛機……

「等一下！」藍先生驀然打斷我，問我：「往生被長怎樣？」

身為一名專業的禮儀人員，我二話不說拿出 iPad，點開圖片給他看。他眼睛瞪得很大，不可思議地瞪著圖片嚷嚷：「這什麼東西？太醜了吧！你確定要把這麼醜的東西蓋在我身上?!」

他的反應讓我頓時回想起，其實我也只是一個禮儀菜鳥，我不知道該怎麼辦！

「藍先生，這要看你對信仰這件事有多虔誠啦。」我只好坦白告訴他，其實父親過世時，我並沒有幫父親蓋往生被，而是用一條父親生前蓋了十幾年的棉被替代。因為父親對那條棉被有感情，而且上面還有著父親的味道，我認為這樣做，父親會比較開心。

「好好好，既然你爸沒有，那我也不要，我要用自己的。」藍先生聽我這麼說，顯然很高興，再問：「那念佛機呢？念佛機是幹麼的？」

「念佛機就是一種能夠念誦佛經的設備，我們會把它放在你身邊，念誦八個小時的佛經，目的就是要提起我們的正念，讓我們心無罣礙地——」

「等等，佛經的旋律是怎樣？我沒聽過，可以讓我聽聽看嗎？」

「好。」我在背包裡找來找去，卻發現自己忘了把念佛機帶來。「藍先生，不好意思，我沒帶念佛機，不然這樣，我現場唱一段給你聽。阿彌陀佛、阿彌陀佛、阿彌陀——佛佛佛——」

藍先生瞠目結舌地望著我，表情十分難看，難看到有一瞬間，我懷疑自己就要被原地超渡。

「可以不要嗎？我一定要聽這個嗎？」

再度被藍先生「打槍」的我有點尷尬，只好又重複了一遍這要看他的信仰有多虔誠。

「我是有在拜觀音啦，但老實講，沒那麼虔誠啦！這佛經不要說八小時了，連八分鐘我都不想聽！我可以聽交響樂或古典樂嗎？」

「當然可以，你想聽什麼就聽什麼。」我汗涔涔地對他說：「藍先生，不然這樣好了，你把歌曲選好，燒成光碟或隨身碟，然後我當天準備 CD Player 去播放。」

「好好好，這樣好！」聽我這麼說，藍先生又開心了。

只要負責哭就好

我和藍先生的談話大致就是這樣，只要我提出什麼，他就打槍什麼，整場協商荒腔走板，無法按照制式化的流程進行。

明明他是客戶，我才是提供服務的人，我卻被他牽著鼻子走。

他很有主見，和我聊得很熱絡，無論是他的神情或態度，都像在規劃一場活動或旅遊，而不是在規劃自己的後事。

過程中，坐在旁邊的藍太太始終一語不發，無論藍先生要求什麼，她都沒有意見。她的表情抽離、空洞，不像和我們在同一個空間裡。

我讀不懂藍太太的表情，無從判斷他們夫妻倆感情好不好，但是當我和藍先生討論得差不多之後，藍先生突然一反輕鬆的神色，鄭重地對我說：「郭先生，我對你只有一個期待，就是讓我太太在葬禮上當個廢人。我希望她什麼都不用做，只要負責哭就好，什麼都不用操心。」

說完，藍先生接著又嘻嘻哈哈地轉頭問藍太太：「欸，妳要用什麼牌子的衛生紙？我請郭先生幫妳準備。」

藍太太抿著唇，霍然站起身，淡淡地說出一個品牌，頭也不回地走進浴室。

那一瞬間，我彷彿看見她平板的表情鬆動，像面具上出現裂紋。直到這時，我才終於讀懂了她臉上的表情，那是很深很深的壓抑。

她究竟是抱著怎樣的心情，聽著丈夫安排自己的後事呢？我不敢想，也不忍想。

我有時間，也沒時間

接下來，我釐清藍先生的需求，一一記錄在白紙上，一式兩份。告訴藍先生，履約時，我們就按照上面的條文來執行。

「看到那個鐘了嗎？」藍先生的手指就這樣往前一伸，我順著他的視線望過去。

那是個藝術時鐘，一到十二的數字是自己貼上去的，本來應該有的時針和分針卻都被拔掉了。鐘面上寫著一句話：「時間於我而言，有，也沒有。」

「這是我寫的。」藍先生聳聳肩，臉上掛著耐人尋味的笑容。

我本想輕鬆地調侃他，說些「這也太哲學了吧」之類的話，卻在看見他笑容的同時，意識到這一點也不哲學。

他正在和時間賽跑，但也超脫了時間。無論什麼時候離開世界，他都欣然接受，不把時間放在眼裡。

他有時間，但也沒時間。這是他的寫照，無比寫實。

離開的時候，藍先生送我出門，他握著我的手，笑著對我說：「郭先生，一切就拜託你了，下次見。」

他對我揮手，我心裡卻清楚地知道，這是我們第一次見面，也會是最後一次。

當我們下次再見的時候，他的時間即將靜止。沒時間了。

說好的交響樂呢？

隔了好幾個月，都沒有藍先生的消息，我鬆了口氣，在心裡暗自希望能有奇蹟出現。

有天晚上，洗澡的時候，我接到一通有別以往的電話。以往家屬打電話給我時，通常會先抽抽搭搭地哭好幾分鐘，才有辦法支離破碎地擠出一句：「我我我的家家家人過過世世了。」

然而這通電話不一樣。這通電話打來時，語氣明明很顫抖，但邏輯又很清晰，就是那種其實已經知道事情會發生，早就做好心理準備，但實際發生時，仍然有點無法接受的矛盾狀態。

她在電話那頭說：「郭先生，他走了，我們在救護車上，正準備前往台大醫院。」

我立刻知道那是藍太太。

我用最快的速度換好衣服，準備好該帶的器材，依照約定，帶了藍先生要的被子、CD Player，前往醫院的往生室。

到了醫院，藍太太和我會合，匆匆對我指了一個方向，說她正在辦手續，辦好就過來，要我先進去。

我點頭應好，然而醫院的往生室有很多間，我在廊道上來來回回走了好幾遍，卻遲遲找不到藍先生的蹤影。

「就是那間啊，你剛剛經過的那間。」直到藍太太辦完手續，才終於在廊道撿到無所適從的我。

「這間？」我走到門口，不可置信地往裡看。

不可能啊！這間往生室裡有好幾位和尚，念佛機正高聲念誦著佛經，往生者的遺體上還蓋著往生被……這怎麼可能會是藍先生？正是因為覺得不可能，我才會一直過門而不入。

「郭先生，不好意思，我知道這跟當初講好的不一樣。」藍太太內疚地對我說：「雖然藍先生希望不要通知其他家人，但是，身為他的太太，我實在很難不通知……不過，郭先生，你放心，我已經和其他家人取得共識了，接下來的儀式都會按照我先生的意思去做。」

沒有完美的喪禮，但有相對圓滿的喪禮

我看著眼前的藍太太，驚愕的同時，還有種非常強烈的領悟：

喪禮美其名是往生者的事情，但事實上，真正面對喪禮的是活著的

人，並不是往生者自己想要怎樣都可以，還必須考慮到其他人的感受。

雖然此時的藍太太看似堅強鎮定，但我想，在我到達前，她一定花了很多功夫對藍先生的其他家人解釋，說服他們接受藍先生的想法……

我不由得回想起那天藍太太空洞的神情、走進浴室裡的背影，還想起藍先生對我的交代，心裡有點難過。

「藍太太，這給妳。」我從包包裡拿出一包衛生紙，遞給她。

看見衛生紙的剎那，藍太太一愣，無法克制地哭了出來。

我站在她身旁，望向蓋著往生被的藍先生一眼，並且在心裡默默對他說：「為了藍太太，你就忍耐一下很醜的往生被和嘮叨的念佛機吧！你放心，其他的交給我，我會完成你對我的交代。」

我向藍先生行了個禮。

這是我接班後，第一次感到這麼踏實，第一次感受到這麼不負所托，第一次感受到殯葬不只是殯葬。

喪禮是個很中立的平台，每個人有各自的期待，勢必有需要妥協及讓步的部分。

這世界上可能沒有完美的喪禮，但一定有相對圓滿的喪禮。

逝去的生命、家屬的悲傷，都有重量。

而我所能做的，就是盡我所能，承接住這些重量。

聊聊告別事

- 台灣葬禮要注意哪些習俗？

放心交給我，我會完成你對我的交代。

“

逝去的生命、家屬的悲傷，
都有重量。
而我所能做的，就是盡我所
能，承接住這些重量。

”

有話可以現在說

我有種很不真實的恍惚感，以往我只能把花放在棺木上，這次卻可以獻給活生生的人。她會動、會笑、會和我說謝謝，甚至還會向我比讚。

有過服務藍先生的經驗之後，我比誰都認真看待「幫活著的人規劃身後事」。當接到佩姿的委託時，我十分忐忑。

佩姿罹癌時才十九歲。

她確診時，已經是癌症末期，醫師斷言她最多只能再撐三個月。

正值花樣年華的她很年輕，還沒真正開始探索這個世界，然而突如其來的噩耗並沒有澆熄她對生命的熱愛。她為自己列出「人生清單」，期許自己能在有限的生命中完成。

她以堅強的意志力撐過一次又一次的化療，甚至在父親的鼓勵下，成立了「抗癌小天使湯佩姿」的粉絲專頁，將自己的親身經歷轉化成祝福的力量，送給同樣在生命中掙扎的朋友。

大概就是因為如此積極樂觀的態度使然，佩姿剩餘的生命從原本預告的三個月，延展出了好幾個「三個月」，直到她二十五歲。

請把告別式安排在我生日那天

遺憾的是，近來佩姿的病情不太穩定，頻繁進出加護病房，一再收到病危通知。這次，親友們隱約都感覺到，佩姿所剩的時間可能已經不多了。

因此，佩姿的癌友采倪找上我，希望我能為佩姿舉辦一場特別的「活動」。

「既然都要舉辦告別式，那就安排在我生日那天好不好？如果我還在，就當作是生前告別式，大家有話想對我說，可以現在說。如果我走了，就變成真正的告別式，這樣可以嗎？」

這是佩姿最初的發想，因為她從來沒有和一群朋友共同慶生的經驗，而這也是她「人生清單」中的一個項目。

但是，別說她了，就連我也沒有舉辦過「真正的」生前告別式。舉辦告別式沒問題，在生日當天舉辦也沒問題，但是，一般告別式會有棺木及一整套的奠祭、追思儀式，舉辦的地點通常在殯儀館……光請賓客們到殯儀館共度生日就有問題了。

反過來說也一樣，我能在殯儀館以外的場地舉辦告別式嗎？店家會同意我這麼做嗎？

即使店家同意，一般告別式上會使用的布置，甚至我們殯葬業者的商標，似乎都不適合出現。

我知道，這場活動的難度很高，至少必須準備兩種以上的配套方案，預留調整空間，隨時因應佩姿的病情變化。

畢竟這不是為了博取關注的宣傳活動，而是真正為了完成癌友心願而舉辦的生前告別式。

我究竟該怎麼做，才能盡量符合每個人的期望？

生前告別式vs生日派對

為了避免雙方認知不同而造成誤會，我找來佩姿和采倪，向她們說明告別式的流程，了解她們的需求。討論過後，大家一致認為，雖然告別式的主要目的是「道別」，但還是希望能盡量保留愉快歡樂的氣氛，讓場面不要那麼傷感。

最後，我們決定抹去所有的殯葬色彩，包含宗教元素、告別式迎賓牌等等，並且將這場「生前告別式」轉換為「生日派對」。

我們打算將場地布置得五彩繽紛，請佩姿最愛的氣球魔術師來表演；請平面攝影師來攝影，留下佩姿和朋友們快樂的模樣；請動態攝影師到每位賓客前，錄下每個人想對佩姿說的話……哦，對了，還要請猛男帶她進場，嚇親朋好友們一跳，把大家逗得哈哈笑。

而佩姿可以穿她最喜愛的白色洋裝，和親友們一起吃她最愛的雞排和珍珠奶茶，切蛋糕、許願。

建立起共識後，我們在社群軟體上蒐集了許多佩姿的照片，將這些影像剪輯成一支充滿回憶及具有紀念性的影片。不管是在「生日派對」或「告別式」上，都能夠播放。

我們甚至透過重重關係找到佩姿的偶像，希望她能為我們拍支影片鼓勵佩姿，增添生日的儀式感與驚喜感。

這當中有好多朋友義不容辭地協助我們，幫忙牽線、幫忙拍攝影片、幫忙提供資源及人脈……我們得到好多熱心的幫助，最後終於如願以償，順利得到偶像的加油影片。

另外，蔡阿嘎和二伯夫婦也請了可愛的蔡桃貴為佩姿獻上生日祝福，還有台客劇場、吳怡霈以及提供場地的街趣 BLOCK&……每個人都為了佩姿的生日派對，毫無保留地貢獻己力。

儀式vs遺憾

隨著派對日期一天天接近，賓客名單、活動流程、表演項目一一確定，我們滿懷期待，等待著給佩姿一場最難忘的生日派對。沒想到采倪卻緊急通知我們，說佩姿的病情急轉直下，好像快不行了！

最糟的狀況發生了，糟的不是必須變更活動內容，而是那種「來不及」的遺憾。

我非常希望能完成佩姿和大家共度生日的心願，然而人算不如天算……在我的能力範圍之內，到底還能做些什麼？

這時，我想到那支偶像加油影片，原本想當作生日驚喜，但如今再糾結儀式感，就要變成遺憾了。為了不留遺憾，儀式感只能閃邊去！

我十萬火急地將影片傳給佩姿，希望能給她一點力量，讓她知道有很多人支持她、愛她。

說也神奇，收到影片的佩姿大受鼓舞，竟然真的撐到生日當天。

一切都還來得及

好不容易，舉辦生日派對的那天終於到來了。會場懸掛著浪漫的白色紗簾及閃閃發亮的霓虹燈，貼著許多充滿美好回憶的拍立得照片。

佩姿穿著白色洋裝，從黑色轎車上被抱進會場，笑容洋溢地出現在大家眼前，得到了全場的熱烈歡迎。

她臉上戴著氧氣鼻導管、吸著氧，笑得很開懷，看起來精神很好。其實，幾個小時前，她才在醫院抽過腹水。照理來說，此時的她應該虛弱得無法行動才對。

在派對上，她和大家一起欣賞影片，一起吃最喜歡的雞排、珍奶，一起擁抱、合照，傾聽每個人想對她訴說的話。她在面對每位親友時總是開開心心的，但當沒有人看見的時候，她總是會閉眼休息，胸口忍不住急喘。

我望著她纖瘦的身體，不明白如此瘦小的她怎能生出如此強悍的勇氣？她明明才二十五歲，這麼年輕，怎麼會如此成熟？

「這是第一次，也是最後一次了。」在這樣笑中帶淚的氛圍中，她吹熄了生日蛋糕上的蠟燭，許下了「早日康復」的心願；她一一收下大家為她準備的禮物，親自向大家道謝。

這是一場真正的生前告別式，也是一場真正的生日派對。即使十九歲就罹患了癌症，即使化療的過程苦不堪言，即使出院的日子遙遙無期，但她卻始終沒有放棄。

她如願完成了人生清單上的願望，創造了和大家在一起的快樂回憶。她真的辦到了！

這個感受非常衝擊，原來生命真的能夠鼓舞生命，即使她什麼也不做，只要坐在那裡好好呼吸，都能給人莫大的勇氣。

我親手把大家準備的花束獻給佩姿，問她喜歡不喜歡今天的活動，她俏皮地伸出大拇指，對我比了個「讚」。

我有種很不真實的恍惚感，以往我只能把花放在棺木上，這次卻可以獻給活生生的人。她會動、會笑、會和我說謝謝，甚至向我比讚。一切都來得及，而來得及的感覺是如此美好。

死亡是現在進行式

派對結束後不到一個月，佩姿離開了。

舉辦派對的當下，佩姿並沒有告訴大家，其實在生日派對的隔天，她就要轉入安寧病房。甚至，她在明知這件事的前提下，還在大家面前許下了「早日康復」的心願。

我想，她之所以這麼做，大概就是想把沉重的負擔都帶走，只留下誠摯的祝福給每位她深愛的親友吧！

往後只要大家回想起她，絕對會想起這場令人難忘的生日派對，多一點歡笑、少一點遺憾。

她還很年輕，卻這麼體貼勇敢，創造了許多不可能的奇蹟；她的生命故事鼓舞了許多人，也深深啟發了我。

原來死亡不只是死後的事，當我們活著時，就已經是現在進行式。道謝、道歉、道愛、道別，這所謂人生的四道習題，能在活著的時候完成，是多麼可貴。

聊聊告別事

- 為什麼要辦生前告別式？
- 謝謝佩姿，祝妳旅途愉快！

最後一程，伴你以歌

大約十年前，曾有場告別式，讓我終身難忘。

那時我還沒接班，父親的禮儀公司只要缺人手，就會徵召我去當免錢的勞工。舉凡接體、禮儀、布置會場、攝影……我樣樣都會做一點。

人生主題曲

有次出殯，我去打雜，除了幫忙處理庶務，也包含抬棺啟靈，將靈柩移置火葬地點。

儀式開始後，辭生、放手尾錢、奠祭……一切的追思告別都和平常一樣，並無二致。沒料到，抬棺啟靈的時候，我穿著西裝、戴著手套，和幾位禮儀師同時抬起棺木，會場裡卻響起了「咚咚咚咚、咚咚咚」的強勁節奏。

我和其他禮儀師同時傻住，在那個年代，大家對葬禮的態度比較保守，會使用的背景音樂大概就是固定那幾首，旋律大多比較哀戚肅穆，完全不可能是這種熱血震撼的音樂。

「嘿、呵、嘿呵嘿呵~~」更驚人的是，這還沒完，緊接著響起高亢振奮的吆喝聲，氣勢非常磅礴。我和禮儀師們面面相覷，一時間不知道這棺還要不要抬。

「天地悠悠過客匆匆，潮起又潮落～～」我們還沒反應過來，歌曲繼續進行，很有爆發力的女聲唱著：「恩恩怨怨生死白頭，幾人能看透～～」

「這啥？什麼東西？」

「葉蒨文？〈瀟灑走一回〉？」

我和禮儀師十分慌張，根本搞不清楚狀況，這歌聲卻像個開關，讓家屬們嚎啕大哭。

「哇啊！阿爸——嗚嗚嗚！」

「歲月不知人間多少的憂傷，何不瀟灑走一回～～」葉蒨文還在唱，然而家屬們卻哭得更厲害了。

「阿爸，我好想你，你怎麼就這樣走了啊——」家屬的哭聲在會場裡此起彼落，甚至有人哭到抽搐，把我們大家都嚇壞了。

這到底什麼情形？歲月不知人間憂傷，但我們知道啊！家屬崩潰，我們更崩潰。

「老師！老師放錯音樂了啦！」一名禮儀師率先反應過來，急急忙忙地找人去喊樂隊老師。

「沒有放錯啦，這往生者指定的，說是他的人生主題曲啦！」樂隊老師走過來，對我們拍了拍胸脯，悠悠地說。

人生主題曲？

我手裡抬著靈柩，耳邊聽著葉蒨文，眼裡看著悲痛欲絕的家屬，突然覺得這場景有點奇幻。

所以……家屬們哭得這麼傷心，因為這是「主題曲」？

聽的不是歌曲，而是回憶

這兩年，大家對葬禮的態度比較開放，葬禮的形式也比較多元。在告別式上，常常會聽到各式各樣的，由家屬或往生者自行準備的樂曲，從台語老歌、流行歌曲，到日本演歌、鄉土民謠都有。

這些歌曲不一定是大家耳熟能詳的旋律，也未必每首都很優美，但只要音樂一出來，就會聽見家屬開始啜泣。

「其實，我奶奶聽的那些日本演歌我一句也聽不懂，但只要聽到，我就會想起奶奶一邊哼著演歌，一邊做菜的樣子。真的好想奶奶……」有位家屬曾經這麼告訴我。

我很明白這樣的心情，音樂承載著大家共同的記憶，就如同每個年代的畢業歌曲都不太一樣，但只要音樂一下，就會立刻勾起大家的青春回憶，將大家帶回往日時光。

在葬禮上的音樂尤其如此，無論是〈瀟灑走一回〉或日本演歌，大家聽的並不是歌曲，而是回憶。那一首首都是曾經共度的美好時光、無可取代的吉光片羽。

我和父親連結的歌曲就是鄧麗君的〈但願人長久〉。

小學四年級時，老師為了要讓我們背詩詞，選了這首歌曲當暑假作業。那時我和父親的關係有點緊張，我因為媽媽離家，有很長一段時間都在跟他嘔氣，總是盡量避免和他說話。

我在家練唱，父親聽著聽著，大概感覺來了，竟然開口跟我一起唱。我嚇了一大跳，感覺很新奇。我從來沒聽過他唱歌，原來我爸會唱歌吔！

就這樣，我和父親的關係因這首歌而軟化。往後只要我回憶起父親，總會伴隨著這首歌曲的旋律。而我眼前總會浮現父親當時柔軟的神情，放鬆的姿態，以及當時的我們、那麼相愛的我們。

這就是我和父親之間的主題曲。

因送別而連結

葬禮的目的雖然是送別，但也能讓每個人因此產生連結。除了音樂之外，能將家人們連結起來的，還有影像。

有些家庭會請葬禮攝影師來幫忙拍攝，留下親人們為往生者送行的紀錄。現代人生活忙碌，齊聚一堂的時刻不多，拍攝全家福的機會更是寥寥無幾。

有次，我又被父親找去幫忙，這次我不當禮儀師，不需要抬棺。我當攝影師，負責拍攝儀式流程及花架。

我拿著照相機，拍攝到一半，突然有位家屬拉拉我的衣角，很不好意思地問我，能不能幫他們拍全家福，只要一張就好，不會耽誤太多時間。我看向父親，父親點點頭，於是我也點點頭，答應了那位家屬。

那位家屬連聲向我道謝，接著就跑到會場的各個角落，陸陸續續將其他家人們找齊，站在往生者的遺照前合影。

「這是我們唯一一張全家福，如果早點想到要拍，媽媽就可以用『活著』的樣子照相，而不是遺照了……」拍完照後，家屬有點惆悵地對我說。

聽他這麼講，我心裡有點難過，想起我和父親好像也沒有合照，猶豫了會兒，就鼓起勇氣跑去問父親，要不要和我照相。

「幹你很煩欸！真拿你沒辦法。」父親嘀咕著，但我看他嘴角翹翹的，好像在偷笑，分明就有點高興。

我在心裡碎唸他傲嬌，但說實在的，別說父親了，就連我也感到很彆扭。我們對於表達情感是如此笨拙，笨拙到連要站在哪裡合照都毫無頭緒。

照理來說，那時我都已經玩攝影好幾年，可以獨立接案了，應該對於構圖有相當的概念，怎麼可能會找不到合適的背景？但事實就是，最後我卻拉著父親在往生者的遺照前照相……對，就是剛剛家屬拍全家福那裡。

到底為什麼我和父親要在別人的遺照前拍全家福?!

不要問我為什麼，我比任何人都想知道為什麼。這張照片已經成為我不堪回首的黑歷史，簡直是攝影生涯之恥。

然而，講是這樣講，對於能留下這張合照，我還是很高興也很慶幸的。因為，拍完這張照片後沒多久，父親就離世了。這是我們的最後一張合照。

本來，父親住院那段時間，我打算請認識的朋友來幫我們照相。但當時父親的狀態非常不好，他不舒服，氣色又差，身體一天比一天衰弱，怎麼可能會想照相？所以，後來我就打消這念頭了，如今想起來，還是會對於沒能留下多點合影感到遺憾。

以前年輕，難免會覺得生活裡發生的都是小事，哪有什麼好拍？然而現在我已經不敢這樣想了。我深深體會到老天爺如果想帶人走，是不會留時間給我們做緩衝或準備的。有些事情如果當下不做，可能就沒機會了。

所以，現在的我變得很愛拍照記錄生活，能留下一點回憶是一點，不管是一首歌、一張照片都好，誰知道會不會是最後一次？

我想創造很多快樂的回憶，讓未來親人們想起我時，能有很多「素材」可以哭。讓他們慶幸「太好了，幸好當時有做這件事」，而不是「好難過，要是當時怎樣怎樣就好了」。

我找到了自己的主題曲，還留下了許多和深愛的人們的珍貴合照，你呢？

我與父親的最後一張合照

單程行李箱

我是父親的法定繼承人，三個月內必須決定要拋棄繼承還是限定繼承，然而我對父親的經濟狀況一無所知，根本不清楚父親到底資產多還是負債多。

道別的時間往往很倉促，從小接觸殯葬業的我應該比誰都清楚，但身在其中的時候，才明白事情並不如想像中簡單。

得知父親罹癌的消息後，醫師原本評估父親應該還有半年的時間。我和父親誤以為還有很多時間可以處理身後事，卻沒想到病情惡化得比想像中要快，父親從住院到離世的時間只有短短三星期，什麼都沒來得及交代就走了。

父親走後，我除了要面對父喪的衝擊與悲傷，各式各樣的煩惱也接踵而來，其中最令我頭痛的，就是處理財務問題。

我是父親的法定繼承人，在三個月內必須決定要拋棄繼承還是限定繼承，然而我對父親的經濟狀況一無所知，根本不清楚父親到底資產多還是負債多。

當時國稅局不像現在有一站式查詢金融遺產的服務，於是我只能透過一些聯徵線索，猜測父親大概和哪幾間銀行有往來，接著再一一去查詢與結清帳戶。但是每家銀行的作業方式不盡相同，有些能夠跨行處理，有些則要到原開戶銀行才能辦理。為了處理父親的帳戶，我只能土法煉鋼，一家家跑。

印象很深刻的是，有次我大老遠跑到中壢某家銀行去結清，到了那邊之後，才發現原來這個帳戶已經很多年沒有使用，裡頭的存款只有兩千多元。

我不是嫌金額小，而是如果知道這個帳戶並沒有定期扣款、繳稅等需求，我會優先把時間拿來處理更緊急的事情。

原來我什麼都不懂

直到父親過世，我才第一次面臨生死的重大議題。在這段過程中，我驚覺原來自己對遺產分配、稅務證明、遺物處理等問題　竅不通。也猛然意識到，假如有天我走了，一定會為太太和小孩帶來困擾。

於是我開始具體思考，在生命結束之前，我能為自己做什麼？我能不能預先做好準備，減輕太太和小孩的負擔，好讓他們日後不要重蹈我的覆轍，面對和我相同的窘境？

有了這樣的想法之後，我把所有我離開之後，可能會成為困擾的項目一一列出來：

公司怎麼辦？客戶怎麼辦？工作夥伴怎麼辦？房貸怎麼辦？保險怎麼辦？

太太知道我有哪些銀行帳戶嗎？知道我的保單放在哪嗎？我要穿什麼？有適合當遺照的相片嗎？要採取土葬還是環保葬？舉行哪些儀式？

萬一有天我變成植物人，要不要繼續活下去？

我的社群帳號怎麼辦？D槽裡有沒有不能被發現的祕密？（笑）

光是這樣隨便想想，就發現令人焦慮的事情實在太多也太雜，根本不知該從何下手。

這時，我的腦海中浮現了心理學家——馬斯洛提出的「人類需求層次理論」。這個理論大多以金字塔的圖像來呈現，從底部到最高層分別為——生理、安全、社會、尊重、自我實現。

於是我參考這五種需求層級，將自己對於臨終的煩惱條列式整理出來，分門別類為：醫療、財務、殯葬、法律、心靈。

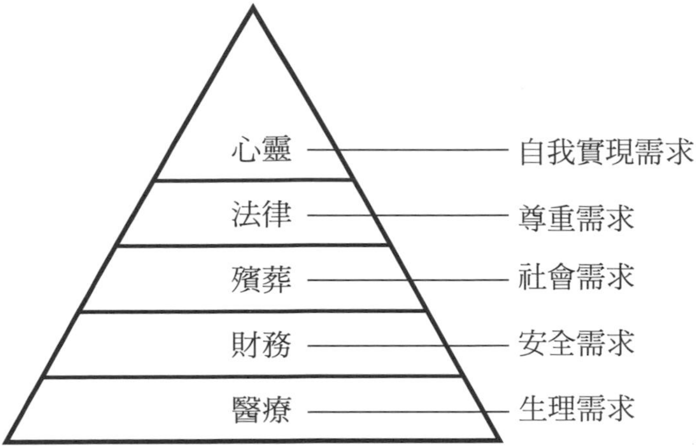

善終的五種需求

善終的五種需求

一、生理需求：醫療

醫療是位於金字塔底部，也就是最基本的、最迫切的，我們每個人都會面臨到的需求。像是要不要急救、拔管、捐贈器官等，都是臨終前會遇到的問題。我們每個人對於「善終」的理解與期許不盡相同，和家人難免會產生意見上的分歧。

如果我們能提前和家人討論，病危時到底救不救？哪些醫療行為要做、哪些不要？讓家人充分了解我們的想法，萬一哪天我們真的不幸發生意外，沒辦法用言語或行動表達意願時，家人就會比較有概念，比較不會因為代替我們做決定而內疚。

在現行的制度下，我們也可以提前了解《安寧緩和醫療條例》和《病人自主權利法》，和家人溝通自己的想法。

二、**安全需求：財務**。

財務和醫療一樣，都是當我們往生後，家人需要出面處理的問題。我們有哪些往來銀行、帳戶、保單、債務，這些細節我們平常可能不會鉅細靡遺地向家人提起，身後就很有可能造成家人的困擾。

有句話說：「留愛不留債。」我不希望自己哪天走了，還留下一堆爛帳。即使真的不幸有爛帳，也要好好交代清楚，不要讓家人因此而耗費心神，光是為了弄懂債務有多少，就得四處奔波。

把保險、房貸和債務等細項全數交代清楚，做好理財規劃，是希望為家人們撐起防護傘，不要讓他們因為我倒下而煩惱。

三、社會需求：殯葬

馬斯洛將處理「關係」的需求，歸類於社會需求。所謂的「關係」，涵蓋親情、愛情、友情等人際關係。這樣的需求反映在臨終上，就是殯葬。畢竟葬禮是往生者的道別，處理人際關係的最後一程。

離開時要穿怎樣的衣服、使用怎樣的照片、舉辦怎樣的儀式、播放怎樣的音樂……每件看似不起眼的小事，全部加起來卻成為足以壓垮人的大事。只要我們能提前多做一分準備，身後就能讓家人少操一分心。

四、尊重需求：法律

成就、名聲及地位的需求，對應在臨終處理上，就是從法律角度出發，妥善處理遺產。從遺囑合法性、遺產運用及分配，再到數位遺產，如雲端硬碟、社群平台、電子郵件等影像和文字的處理，都必須考慮。雖然有些人認為提前分配財產傷感情，但只要我們鼓起勇氣，提前面對這些瑣碎的事，也能避免日後家人爭產，甚至對簿公堂的可能。

五、自我實現：心靈

最後是心靈，同時也是最重要的部分。死亡是每個人心底最深沉的恐懼，要如何面對，取決於我們有沒有足夠的信念與信仰。

死後到底會去哪？要用怎樣的態度面對死亡？要如何向所愛的人道謝、道愛、道歉、道別，讓自己的死亡成為禮物，支持親人繼續向前，都是值得我們好好思考的問題。

死亡雖然是生命的結束，但並不是關係的結束。要如何在死亡後，延續和親人的關係，是我們人生中最後的功課。

單程行李

釐清需求之後，我拿了個行李箱，動手整理自己的「單程行李」。

我在行李箱右側放進了一套精心挑選的衣服，從上衣、長褲到內衣褲都有，作為我往生時要穿的壽衣。想時尚就時尚，想休閒就休閒，愛穿什麼都隨便，未來隨著我的年齡增長及身形變化，可能會換也不一定。不過，身為殯葬人員，我絕對不會選擇牛仔褲或太緊身的衣服，以免增加同仁幫我換穿衣服的難度。

而在行李箱的左側，我放進了保單、房貸、合約、銀行往來紀錄、營業登記證……這類的官方正式紙本文件。為了避免發生損毀、遺失或髒汙等意外，我準備了隨身碟當備案，以防親人找不到。

此外，我還為自己準備了遺照。因為根據我實務上的經驗，大部分家庭在一時半刻間都拿不出往生者的遺照，手機裡的生活照可能解析度不夠，又或是有太多朋友入鏡。與其讓家人煩惱該挑哪張照片，不如自己先拍好，自己選擇要用怎樣的表情向大家道別。

最後，我列了一張當自己走後，需要通知的親友清單。關於這件事，我有過切身之痛。父親過世前，曾經要我別告知任何親友他往生的消息，卻沒想到他過世當晚，媒體就揭露了消息。我因此接到好多電話，每通都說是父親「重要的人」，而我完全無從判斷親疏遠近，根本不知道哪位該說、哪位不該說，只要電話一響，就十分焦慮。

因為有了這樣的經驗，我才意識到，原來「往生後究竟該通知哪些親友」也會成為家屬的困擾。為了不成為親人的負擔，我決定主動建立好名單。

簡單來說，這個「單程行李箱」就是類似緊急避難包或待產包的概念，當緊急狀況發生時，就能夠派上用場，有備無患。

唯一要注意的是，無論是行李箱裡的各式文件或是親友名單，都會隨著時間更迭而產生變化，所以我們不能只是把東西扔進行李箱裡就好，還要定期更新。

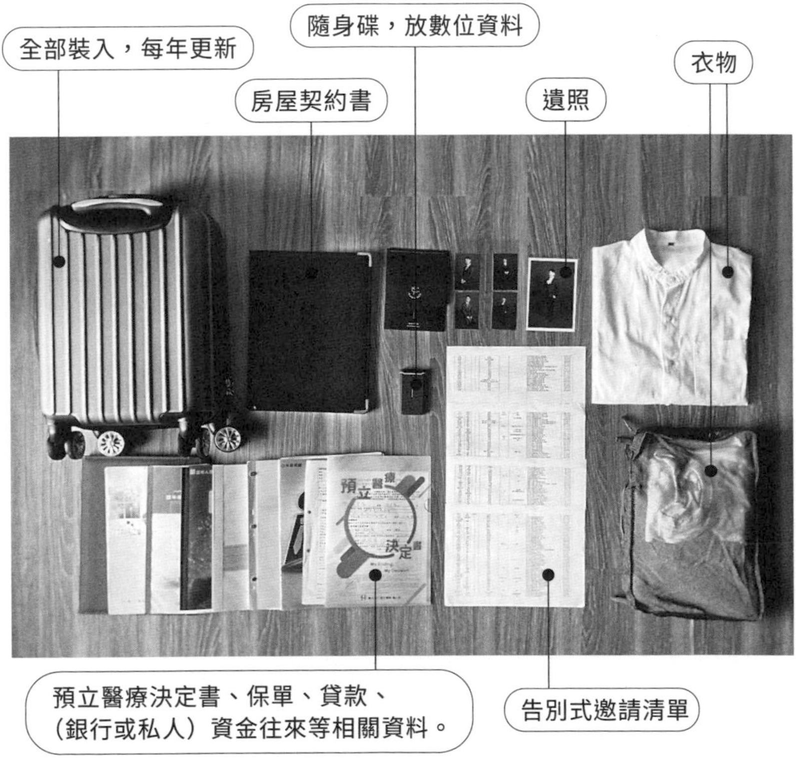

最好的方法是，為自己挑選一個難忘的紀念日，將它訂為「遺囑日」，每年到了這一天，就把行李箱拿出來檢查、更新資料。像我就是選用父親的忌日，這是對我來說非常有意義的日子，絕不會忘記。

我把單程行李箱收在書房角落，告訴太太，如果哪天我有個萬一，她就可以不慌不忙地來打開我的行李箱，送我遠行。

這是我留給她的愛、祝福及道別，也是我最後的人生功課。

聊聊告別事

- 遺照怎麼選與如何處理？
- 打包單程行李箱

“

我把單程行李箱收在書房角落，告訴太太，若哪天我有個萬一，她就可以不慌不忙打開行李箱，送我遠行。

”

他還不能死

不知道過了多久，好像是一輩子，也可能只是幾秒鐘，我才聽見自己說：「我爸爸已經辛苦一輩子了，不要折磨他，讓他好好走。」

「為什麼現在才叫我們來？」

有次，我趕到醫院接體時，遠遠的就已經聞到往生者遺體散發出的腐臭味，走近一看，才發現往生者連手腳都已發黑、出現屍斑了。

我很納悶，無論是屍臭和屍斑，都是死亡一段時間才有的現象，但距離接到通知才短短不到半小時，可見往生者在更早之前就已過世。

沒道理人已經走了這麼久，才想到要通知禮儀公司來吧？

「啊就家屬不知道是退休金還保險喬不攏，威脅醫生說絕對不能讓病人死掉，不然就要告死醫生。」一旁的人小小聲地告訴我：「你知道嗎？為了吊著他一口氣，讓家屬有時間去處理保險，他被打了上百支強心針吔！護理師打到手都軟了。他根本早就死了啊，只是靠著強心針製造出還有心跳的假象而已，屍臭都出來了……」

我瞥向往生者，內心五味雜陳。現在醫療很發達，能夠延續生命現象的急救處理有很多，影響家屬要不要急救的原因也有很多。

想見最後一面的、想處理遺產的、捨不得放手的、兄弟姊妹間無法取得共識的、擔心被親戚指責不孝的……無論救與不救，都是一場又一場的天人交戰。

急救到底是什麼？

相信大家多多少少曾在影視作品中看過這樣的景象：病人被推進急診室，醫護們齊力搶救，然後家屬們慌慌張張地跑來，醫師拿出「放棄急救同意書」，詢問家屬的意見。家屬們看見這份文件，就像看見牛頭馬面，驚慌失色、嚎啕大哭……

你有想過，這些情節都是真的嗎？「急救」到底是什麼？為什麼有人救、有人不救？放棄急救，就等於必死無疑了嗎？而我們時常聽見的「插管」或「拔管」又是什麼？為什麼好像病況危急時就要插管？拔管就會死？

一般來說，急救指的是「緊急救護」，泛指最常見的心肺復甦術❶（Cardiopulmonary Resuscitation，簡稱CPR），包含插管、體外心臟按壓、急救藥物注射、心臟電擊、注射強心針等等。而「放棄急救同意書」的正確名稱是「不施行心肺復甦術同意書」，簡稱為「DNR（Do Not Resuscitate）同意書」。

---

❶心肺復甦術：是心臟一旦停止跳動時，第一時間救命的唯一方法。近年來改簡稱為CPCR（Cardio-Pulmonary-Cerebral Resuscitation），為「心肺腦復甦術」。因為除了呼吸心跳，大腦一樣重要，黃金急救時間，更需要的是搶救大腦。

而插管的正式名稱是「氣管內管置入術」，所謂的「管」，指的是「氣管內管」。當病人不能呼吸時，就需要緊急插管，建立病人的呼吸通道，好讓病人能夠呼吸；當病人恢復到能夠自主呼吸後，就能拔管、撤除呼吸器。

由此可知，恢復健康時也會拔管，並不是拔管就會死。

只是，當病人瀕死、沒有生命跡象，經醫師診斷已經無法做出任何積極有效的醫療行為時，醫師就會詢問家屬的急救意願。假如家屬決定放手讓病人走，醫護們就不會繼續急救，而會選擇拔管、撤除維生設備。因此，大家才會有「拔管就等於死掉」的刻板印象。

反之，若家屬決定繼續急救，醫護們就會努力以各種緊急救護手段，延續病人的生命，像上述案例中的施打強心針一樣。

值得注意的是，放棄急救不等於放棄生命，繼續急救也不等於一定能延續生命。生命有許多可能，因此，救與不救時常令家屬兩難。

簽出天人永隔的距離

父親過世前，我也曾經面臨這樣的兩難。

那天，父親的病況告急，一群醫護人員衝進病房裡，團團將父親包圍在中間。我被擠到一旁，靈魂好像也跟著被推擠到身體外面。

那時我才知道，原來電影裡演的都是真的。眼前所有的動作都像慢動作一樣，一格格地在我眼前慢速播放。我耳邊有很多聲音，尖銳的儀器響鳴聲、倉促的腳步聲、慌亂的呼吸聲，所有的聲音混雜在一起，明明很吵，我卻還能聽見自己的心跳聲，突突突的，在胸膛裡響個不停。

父親的血壓和心跳急速下降，他的肚子脹起來，鼓得像氣球一樣大。如果不是親眼看見，我很難想像人類的身體能夠起這樣的變化。

我很害怕，心急得要命，可是我什麼也不能做。我只能呆站在一旁，緊張地問護理師，父親是不是回不來了？

這位護理師照顧了父親一陣子，和父親多少有點感情，她什麼都沒說，只是很用力地抿著唇，對我搖了搖頭。

接下來，有很多醫護人員在我面前來來去去，問了我很多話，遞給我一些文件，向我說明病情。

我耳邊聽著那非常不樂觀的病情，瞪著手中的放棄急救同意書，腦海中閃過幾千幾百種念頭。

我想，我比誰都希望父親能好好活著，但如果父親能活著，卻沒辦法「好好的」呢？如果我不放手，事情會變成怎樣？

如果父親身上開了好幾個洞，如果他必須依靠呼吸器維生，如果他必須仰賴鼻胃管灌食，如果他必須依賴別人幫他翻身、換尿布……我父親是個鐵錚錚的硬漢，如果必須走到這一步，他會恨我？還是感謝我？

我渾身冷汗，我不敢繼續再想，每個念頭都令我感到相當煎熬。

不知道過了多久，好像是一輩子，也可能只是幾秒鐘，我才聽見自己說：「我爸爸已經辛苦一輩子了，不要折磨他，讓他好好走。」

那出口的聲音陌生得不像是我自己的，我拿起筆，準備要簽同意書，才發現手原來真的會發抖。從來沒想過，有天簽名會簽出一段天人永隔的距離。

不久後，醫師宣告父親的死亡時間，父親走了，而我放聲痛哭。

這是我第一次知道，原來「放棄急救」是這麼一回事，一次就夠了，夠痛了、也夠難了。我的世界崩塌了，那片罩著我的天不見了，從今以後，我就沒有爸爸了。

我是背叛媽媽的罪人

後來，我接了禮儀公司，陪伴了很多家屬，才發現每個家庭都有各自的難處，每位家屬面對的創傷也不盡相同。

父親過世時，我只有一個人，我能夠自己做決定，但是對很多家庭而言並不是如此。

什麼是積極的搶救？什麼是無效的醫療？要不要放棄急救，每個人的想法不同，會做出的選擇也不同，怎麼選都是兩難。

有個朋友曾告訴我，她的母親意識還清醒時，曾一再交代不要插管、不要急救。但當她母親倒下時，從外縣市趕回來的哥哥還是堅持要救，哥哥一方面捨不得放手，另一方面也擔心被親戚指責不孝。

「小冬瓜，我最難過的是，我媽媽曾經短暫地清醒過幾天，她躺在那裡，不可置信地看著我，一直掙扎著想把管子拔掉。我知道她很痛苦，她很恨我，她會這麼難受都是我害的。我就像是個背叛她的罪人，我比誰都清楚，她不想要變成這樣……」

朋友泣不成聲地訴說著她的煎熬，我什麼忙都幫不上，只能靜靜看著她掉眼淚。

「後來，媽媽又昏迷了，我們請了二十四小時的看護來照顧她，幫她拍背，用鼻胃管灌食，但她一直沒醒來……她再也不說話，再也不對我笑了，她是不是生我的氣，所以才不願意醒來？哥哥擔心我們不孝，那我們在媽媽身上開這麼多洞，就是孝了嗎？」

接下來好幾年，朋友都活在自責的愧疚感中。

陪伴過許多家屬的我，能夠深深感受到，無論家屬做出什麼選擇，都會擔心自己是不是做錯了決定。

有人求「好死」，有人想「賴活」，究竟是救命還是折磨，沒有標準答案。

死亡很可怕，那生不如死呢？

聊聊告別事

- 為父親拔管卻備受質疑？
- 安寧緩和並不等於等死！

什麼是積極的搶救？
什麼是無效的醫療？
每個人的想法不同，
怎麼選都是兩難。

如果能不痛，誰想死？

安樂死並不是唯一的目標，大家想追求的是，有天當死亡來臨的時候，要如何善終，向世界說再見。

二〇一八年六月，知名體育主播——傅達仁先生，因為飽受末期癌症的病痛所苦，遠赴瑞士執行「安樂死」。由於安樂死目前在台灣並不合法，這段從台灣到瑞士的死亡之路，引起了非常多爭議和討論。

醫護人員不是應該要盡全力拯救生命嗎？怎麼可以協助自殺？安樂死難道不會被有心人士利用，造成病患非自願死亡嗎？台灣是不是比較落後，否則為什麼別的國家可以，台灣卻不行？

其實並不是台灣比較落後或比較保守，安樂死在國際上被接受的程度也不算很高。目前可以合法執行安樂死的國家只有荷蘭、比利時、盧森堡、哥倫比亞、加拿大、紐西蘭、瑞士、德國等等，就連澳洲和美國都只有局部幾州通過，而且，並非全部國家都有開放外國人申請。

可見目前全球對安樂死的看法不一，就連在執行方式上，也沒有統一的規範及做法。

而傳達仁先生則說：「如果我可以不痛，如果我可以正常吃飯，誰想死？」在生命的最後一段時光，他的左眼幾乎看不見，身體也因膽管阻塞而疼痛不堪。癌症帶來的劇痛令他不斷增加止痛藥的劑量，最後必須使用嗎啡貼片，沒想到卻引起過敏，無論怎麼做都是徒增折磨。

當活著已經沒辦法「安樂」的時候，死亡究竟能不能當成「安樂」的解方？

安樂死不是想死就能死

我們一起來看看其他國家如何合法執行安樂死的，雖然每個國家及地區略有差異，但普遍來說，安樂死大致可以分為以下三種方式：

一、由醫護人員幫助病人施打、服用致死藥物的「主動安樂死」（Active Euthanasia）。為了保險起見，只能在醫院執行。

二、放棄無效醫療行為的「被動安樂死」（Passive Euthanasia），比如不再為病人執行能挽救性命的手術，或是拔除維生設備。

三、在醫護人員的陪伴下，讓病人自行口服或是注射藥物，進而結束生命的「協助自殺」（Assisted Suicide）。

由此可知，不論是上述哪種方式，都需要在當事人意識清楚且同意的狀態下才能提出申請，並且必須經過醫師的診斷，符合「承受著不能忍受的痛苦」和「疾病沒有治癒的可能」這兩項原則，才能夠執行。不是活得不開心，想死就能死。

近年來，由於台灣正式邁入老年化社會，不婚不生的人口增多，平均壽命越來越高，相關的照護資源及人力也越來越缺乏。在這樣的情形下，長照問題備受關注，安樂死的議題也時常被拿出來討論，正反兩方始終各執一詞。

支持的人會說：我已經被病痛折磨得苦不堪言了，為什麼不能提供我多一個選擇，讓我為自己的生命作主？

反對的人則會說：安樂死要是通過，會不會淪為有心人利用的工具？即使立法通過了，該由誰來執行這個沉重的任務？醫生嗎？醫生的職責是救命，怎麼能殺人？

正反兩面的意見都鏗鏘有力，值得探討。

奇怪的是，雖然在網路上，看似有很多人表態關注安樂死，然而在實際的公聽會上，卻很少有人真正站出來為安樂死發聲，造成了「萬人響應，一人到場」的現象。沒有足夠的熱度去推動立法，導致目前的立法進度停滯不前。

其實，不管認不認同安樂死，我覺得都沒有對錯，只是彼此觀點和立場的不同，能夠多點討論總是好的。

畢竟安樂死並不是唯一的目標，大家想追求的是，有天當死亡來臨的時候，要如何善終，向世界說再見。

安寧緩和療護

你可能會問我：「天啊！那我病得很重很痛苦，卻無法安樂死，到底該怎麼辦？」先不要太絕望，我們還有安寧緩和療護能夠選擇。

二〇〇〇年時，《安寧緩和醫療條例》❷正式上路，為末期病人提供了另一種善終的方式。

簡單地說，就是當病程來到末期，醫師認為病人已經不可能治癒，且近期內無法避免死亡的時候，就可以簽署DNR，選擇進行安寧緩和療護。

有些人聽到「放棄急救」、「安寧照護」，就誤以為是把病人丟著等死，不進行任何治療，讓病人自生自滅。

其實並不是這樣，無論是放棄急救或是安寧照護，都只是選擇以不額外增加病人痛苦的方式，讓病人不要再受折磨，不要延長不可避免的死亡。雖然不做插管、使用呼吸器等積極的醫療行為，但像一般止痛、鎮定、給予點滴等減緩痛苦的處理還是會做。

所以安寧療護時，同樣會有醫師及護理師來照顧病患，甚至會提供更全方位的五全——全人、全家、全程、全隊、全社區❸照顧，給予病人及家屬更多支持。過程中，如果病人的病情好轉，或是改變心意，也可以隨時中止安寧療護，轉回積極治療。

事實上，無論是安樂死或是安寧緩和療護，共通的重點都是尊重病人的意願，守護病人的尊嚴，達到善終的目的。

---

❷安寧緩和醫療條例：已於二〇〇〇年上路，民眾可簽署「預立安寧緩和醫療暨維生醫療抉擇意願書」，填寫完即生效，也可由近親屬簽署。在經兩位醫師判定為末期病人，可拒絕項目包括：心肺復甦術（CPR）、延長瀕死過程的維生醫療、接受安寧緩和醫療。

❸五全：全人：病人身心靈的整體照顧。全家：不只照顧病人，也照顧家屬。全程：從病人一開始接受安寧療護直到病人死亡。全隊：由完整的醫療團隊，包含醫師、護理師、社工師、志工、心理師及宗教人員等等，提供病人及家屬照護需求。全社區：將安寧照顧從醫院推廣到社區，實現病人在家離世的願望。

只是，安寧療護的主張是「不延長生命，也不縮短生命」，和安樂死「提前結束生命」的主張是兩個不同的方向。

拉近與善終的距離

那麼，病重時要怎樣才能轉安寧？萬一我昏迷了怎麼辦？家屬可以幫我決定嗎？

依據現行的《安寧緩和醫療條例》，想要進入安寧緩和療護，需要由兩名醫生診斷，確認病人是「末期」才行。如果遇到末期病人已經失去意識、無法表達意願的狀況，可以由家屬代為簽署同意書。

看起來好像很簡單對不對？

但在實務上，有時會碰到的困難是來自於醫界對「末期」沒有共識。永久植物人算不算末期？需要使用呼吸器維生算不算末期？有的醫師認為無法自主呼吸就算是末期，但有的醫師認為，只要使用呼吸器，就沒有迫切的生命危險，當然不算末期。

所以，也曾有家屬告訴我，當她提出要幫父親轉到安寧病房時，卻被醫師指責是在謀殺。

「醫生說我是在謀殺他，我怎麼可能會想殺我爸？我比誰都希望他好起來啊！」家屬非常痛心，病患的痛苦也沒有緩解。

除了醫界沒有共識之外，家屬間的觀念也並不一致。比如在進行安寧緩和照護時，宗教師想為安寧病人做一些生命課程的引導，都還沒走進病房，就會被家屬轟出來：「人都還沒死，你就急著來超渡啊！」

大家對於生命的想法不同，難免會有不同的理解。在病痛的折磨下，更無法理性思考與溝通，因此會造成許多遺憾及誤會。

我很同意一種說法：醫生是園丁，能夠透過日照、給水，讓植物活得更有活力更健康，卻沒有辦法改變春夏秋冬。

如果我們能在身體還很健康的時候，就和家人討論最後這段路該怎麼走、何時該放手，應該就能拉近我們與「善終」的距離，減輕自己與家人的負擔。

聊聊告別事

- 傅達仁為何選擇安樂死？

“

安寧療護的主張是「不延長生命，也不縮短生命」，安樂死的主張是「提前結束生命」，兩種方向完全不同。

”

我可以把你殺死嗎？

「對不起、對不起！都是我不好，是我沒把你生好！我該死我該死！都是我的錯！我不配當爸爸！」他撕心裂肺地大吼著。

有天傍晚，我接到警察打來的電話。

「小冬瓜，來來，這邊有個在車子裡的，是凶殺案。」一聽說是凶殺案，我立刻放下才吃了幾口的便當，急急忙忙地前往現場。

「這邊、這邊。」抵達公園之後，我依據指示，彎腰走進封鎖線。

「看到沒？就是前面那台。」警員伸手往前一比。

我走近一看，封鎖線中央有台廂型車，裡頭的死者已經很明顯沒有生命跡象。而凶手就站在車子旁，據說是他主動報案自首，主動告知廂型車位置的。

「是爸爸殺死兒子。」警員對我說。

「親生兒子？」我瞪大了眼。

「對，親生的。」警員搖搖頭。

因為是凶殺案，接下來要準備司法相驗，我們在處理遺體的過程中必須要十分謹慎。我和同仁把屍袋及工具拿出來，靠近廂型車。

我本以為死者是小孩，實際看到卻是中年人，而死者的父親是一名已經白髮蒼蒼、有點駝背的老翁。

過程中，我不經意和這位父親對到眼，他的表情很冷靜，眼神有點冷酷，有種好像終於等到這一刻的感覺。

我有點嚇到，不敢多看，專注手邊的工作。當遺體從車子裡拉出來那一刻，這位父親似乎忍不住地開始喃喃自語。

「對不起、對不起！都是我不好，是我沒把你生好！我該死我該死我該死！都是我的錯！我不配當爸爸！」他的狀態就好像突然從現實墜向另一個時空，空洞而重覆的叨念令人頭皮發麻。

後來，我才知道，這個兒子患有先天性罕見疾病，無法治癒，生活無法自理。父親照顧他長達三、四十年，其間妻子也過世了。

前陣子，不堪負荷的父親終於受不了，開口問兒子：「我把你殺死好不好？我可以把你殺死嗎？」

兒子點點頭，好像隱約知道自己的存在給父親添了非常多麻煩，最後就發生了這件人倫悲劇。

長照悲歌

一九六三年時，高中女學生王曉民因遭到計程車追撞，搶救過後甦醒，卻成為植物人。王曉民臥床長達四十七年，其間由父母親自照護，父母相繼過世後，改由三個妹妹及看護照顧，二〇一〇年離世時已經六十四歲。

一九九九年時，台中廣三SOGO百貨發生槍擊案，孕婦莊嘉慧遭流彈掃中，腹中胎兒死亡，莊嘉慧也因此成為植物人。莊嘉慧的父母照顧女兒長達十九年的時間，二〇一八年時，因年邁、體力無法負荷，不得已之下，只好將莊嘉慧送到安養機構。

這些長照事件都不是個案，也不是每個長照事件都能得到善終。光是二〇一八年，就發生了二十二件因長照問題而引發的案件，每個月有一到兩起。

曾經有個五歲的小女孩，因為一場突如其來的車禍意外，小小年紀就成了植物人。父母親兩人原本都有工作，日子雖苦，但是還算過得去。然而父親在一次工程意外中受傷，沒辦法繼續上班，於是幫孩子翻身、負擔家計等重擔都落在母親身上。為了維持生活，負擔孩子的醫藥費、營養品，母親兼了好幾份差，甚至還會到工地當粗工。

漸漸地，隨著母親的年紀越來越大，工作越來越不穩定，眼看著醫藥費、生活費及房租都沒有著落了。有天晚上，母親趁著父親不在家的時候，用身上僅存的錢，幫女兒買了最後一瓶營養品。她為女兒進行最後一次灌食，關緊窗戶，把門縫都封死，燒炭自殺。絕望的母親在屋子裡留下一張字條，上面寫著：「我把女兒一起帶走，以後我們都不用再痛苦了。」

幾個小時後，父親破門而入，只救回母親。而母親被判了三年二個月的徒刑。

每次接觸到類似的事件，心痛的同時，我總是會想：如果有一天，躺在病床上的人換成我，我要這樣活下去嗎？而深愛我的家人要怎麼辦？他們捨不捨得放手？又該怎麼放手？

我能不能別把這個難題留給家人？能不能在身體健康時，就先決定自己要怎麼做？

病人自主權利法

二〇一九年，《病人自主權利法》（以下簡稱為《病主法》）正式上路，我們現在能和醫療團隊進行「預立醫療照護諮商」（Advance Care Planning，簡稱ＡＣＰ），簽署「預立醫療決定」（Advance Decision，簡稱ＡＤ），自行決定臨終時的醫療處置，包含要不要插管、電擊、壓胸、使用呼吸器、鼻胃管灌食、注射營養針劑等等。

也就是說，假如今天我們重傷昏迷，被送到醫院，醫師仍然會為我們進行該做的急救。但是，當我們的病況符合以下五種臨床條件時，我們預立的醫療決定就能啟動。

這五種臨床條件分別為：

一、末期病人。

二、處於不可逆轉昏迷狀態之病人。

三、永久植物人狀態。

四、極重度失智。

五、其他經中央主管機關公告之病人疾病狀況或痛苦難以忍受、疾病無法治癒且依當時醫療水準無其他合適解決方法之情形。

當有兩位醫師同時確認我們符合上述五大臨床條件，再經過兩次團隊的會議討論，達成共識後，就能按照我們的意願，進行我們想要的醫療處置（ＡＤ）。

創造醫病和諧的雙贏環境

如今醫病關係很緊張，相信大家或多或少都有耳聞。

舉個我切身的例子來說吧，父親住院時，有天凌晨兩、三點，他的病況突然變化得很頻繁，很不穩定，把我嚇壞了。我慌慌張張地按了緊急呼叫鈴，卻遲遲沒有人來。

我很著急，衝出病房外去找，然而護理站沒人，走廊上也沒人。情急之下，我只好一間間病房找，好不容易找到護理師時，我有點情緒，抱怨為什麼沒有人來，父親已經等了很久。

當時護理師對我說了一句話，讓我受到很大的震撼。她說：「你的爸爸很重要，但別人的爸爸也很重要。」

我啞口無言，尤其當我明白他們的照顧比是一比十七，一名護理師要照顧十七名病人時，真的十分慚愧。

病人身體不舒服、情緒很壞，而家屬心急、對病情及醫療處置一知半解，醫護人員又相當忙碌。在這樣的情形下，彼此之間很難維持良好的溝通，信任感很低。醫病關係緊張往往就是因此造成的。

久而久之，醫師為了怕被告，防禦性醫療氾濫，能做的檢查全都做，即使明知道這項治療對病患並沒有太大的作用，還是會硬著頭皮進行。不只造成醫療資源的浪費，也徒增病人的折磨。

在《病主法》裡，有個相當重要的環節，就是和醫療團隊進行「預立醫療照護諮商」。

諮商過程中，醫師、護理師、社工師及心理師都會出席，和我們說明臨終前可能會遇到的狀況。

護理師會根據不同的臨床條件，向我們解釋不同的病理狀況，比如營養針一個區域可以打多久，能不能持續打同個位置？鼻胃管只要放進去就好嗎？多久要換一次？材質有沒有不同？這些器材我們可能都有聽過，但並不了解實際的使用情形。就像鼻胃管，親眼看到，我才知道它這麼長，長得讓我有點害怕。

而社工師的角色是擔任家庭與醫療之間的橋梁，幫助我們去思考家庭中可能的需要，提出疑問，促成溝通。

在這一來一往的過程中，醫療專業和病人自主兩者之間才能取得平衡；醫師也才能在協助病人善終時，受到法律保障，創造醫病和諧的雙贏環境。

要如何簽署？

《病主法》和《安寧緩和醫療條例》最大的不同，就是《安寧緩和醫療條例》僅針對末期病人，而《病主法》則更擴大了更多臨床條件。

此外，在《安寧緩和醫療條例》中，家屬可代替病人預立醫療決定，但《病主法》裡只有本人才可以進行。這是因為《病主法》強調的是病人本身的自主性，所以必須由本人來簽署才行。

依現行的《病主法》規定，年滿十八歲、具完全行為能力的人，就可以到衛生福利部公告的醫療院所，進行簽署。

由於這是自費門診的醫療項目，每間醫院的收費並不相同，大家可以在「衛生福利部預立醫療決定、安寧緩和醫療及器官捐贈意願資訊系統」查詢到比較詳盡的資料。

簽署完成後，醫療團隊會核章，證明我們有來諮商，並且把決定書上傳到衛福部，在健保卡上註記。當意外發生時，醫療院所能透過健保卡得知我們的意願。其間如果我們改變心意，也能隨時撤回或變更。

多留一點時間給你，是我的溫柔

前陣子，我和太太一起去進行諮商，簽立預立醫療決定書。這件事對我跟太太很有幫助，很有幫助的點其實是在「了解」和「建立共識」，至於簽了什麼DNR、病主法反而都是其次。

像我和太太在植物人這件事上就有不同的看法。本來，我心裡還很糾結，想說那我多賺一點錢，多爭取幾年，當作給自己一個機會。畢竟也是有那種植物人躺了兩年後，奇蹟甦醒的案例啊。

結果醫生反問我：「三、五年後器官都退化了，肌肉也萎縮了，身上可能還有很多褥瘡，醒來後的狀況是你想要的嗎？你要想清楚吔！」

我被醫生堵得一時半刻說不出話來，猶豫了老半天，越想越有道理，於是後來決定把時間從五年濃縮到半年。

做完決定之後，我看向太太的同意書，卻發現她很多項目的時間都拉得比我還長，讓我相當意外。

「這麼久？太奇怪了，妳不是很瀟脫嗎？這很不像妳吔！」我故意笑她。

「拜託，你以為我想啊？誰叫你這麼愛哭！」她直接白了我一眼。「我是為了留時間給你做準備。」

聽她這麼說，我愣住了。原來她不是覺得走怎麼樣，走就走，沒差，她是想讓我準備好，再放她離開。

我突然覺得很慚愧，又很感動。我還在調侃她，卻沒想到她是為了把溫柔留給我。經過這件事，我很深刻地感受到，每個人的想法不同，即使是最親近的人，我們自以為非常了解對方，但對方的想法也可能和我們想的不一樣。

所謂的「善終」，並沒有標準答案。最好的醫療，不是最先進的藥物，也不是最強大的設備，而是最符合病人期待的照護。

既然我們沒辦法決定死亡何時會來，但至少能決定我們面對死亡的態度。留給摯愛充足的時間，準備好面對我們的離去。

聊聊告別事

- 預立醫療！病主法完整流程全公開

這些選擇都沒有對錯，
也沒有標準答案。
重要的是，你所愛的人是否
了解、支持你的選擇？

留住我的愛

張先生拿著這張單據呆住了，因為完全沒有心理準備，他不知所措，好像卡住了。他深愛的張太太走了，而她的器官變成一筆錢……

「社長，謝謝你來，我太太接下來就麻煩你了。」到了ＩＣＵ門口，張先生緊緊握住我的手。

張先生是我的粉絲，有參加過我的課程，我在講座上和他見過兩次面。他和張太太兩個人都很年輕，我真的沒想過，服務他的這一天會這麼早來。

「不好意思，事情發生得很突然，醫師說時間已經差不多了，如果我們有想配合的禮儀公司，可以通知禮儀公司來了，但好像還要等一下……」張先生有點抱歉。

醫師告訴他張太太快走了，所以他打電話請我到醫院，卻沒想到我來了，張太太人還沒走。

「沒事。」我回握他的手，拍拍他肩膀。

在醫院等待接體對我來說十分稀鬆平常，有時往生者會在我們抵達醫院前嚥下最後一口氣，有時還沒，這些都是很常見的狀況。早幾年的時候，甚至還會有家屬請我們到家裡，幫忙協助判斷往生者有沒有生命跡象。

「我是第一次遇到親人往生，對流程不太懂，也不知道等等要辦什麼手續……」張先生看向我，神情十分無助。

「我會陪你。」我站在他身旁，堅定地對他點點頭。只要能夠幫得上忙，一定盡我所能。

「請問〇〇〇的家屬在嗎？」突然間，醫師和護理師匆匆忙忙地從ICU走出來。〇〇〇是張太太的名字。

「我在，我是她先生。」張先生立刻迎上前。

「她的健保卡上註記要器捐喔！請問要進行器官移植嗎？如果要，我們就要馬上通知器官移植小組。」醫師的聲音聽來很急迫。

「器捐？」張先生很錯愕。

「對，健保卡上有註記。」醫師強調。

張先生嘴唇掀了又閉，反覆好幾次，卻連一個字也說不出口，看起來相當震驚。

「如果不想，你可以拒絕，家屬有最終決定權。」我告訴張先生。從他的表情看來，他絕對不知情。

「我……」他終於順利說出第一個字。

「還是你要再想一想？」我握住他的手，提醒他為自己多爭取一點思考的時間。

「……沒關係，不用想了，就照她的意思。」張先生點點頭，好像在堅定自己的決心，告訴自己沒有做錯決定。

「好，那請你確認一下同意書的內容，沒問題的話就在上面簽名。」醫護人員遞給他好幾張文件。

張先生簽完名沒多久，有個團隊急急忙忙地跑過來，大概就是所謂的器官移植小組。他們的神情很嚴肅，手裡大包小包的，走廊上全是他們躂躂躂的腳步聲。

我和張先生就這麼等了一段時間，這段時間或許很短，但就連我也感到相當煎熬，體感時間因此變得很長。

移植順利結束後，張先生緊接著要辦理出院手續、死亡證明等等……醫院的行政人員突然走過來，拿了些單據請張先生簽收——是捐贈器官的喪葬費補助，補助金額並不算小。

張先生拿著這張單據呆住了，因為完全沒有心理準備，他不知所措，好像卡住了。他深愛的張太太走了，而她的器官變成一筆錢……捐贈器官明明是件很有大愛的事，是太太的遺願，還有補助，是不是應該感到高興或欣慰？然而在這種情況下，誰欣慰得起來？這筆錢要收下？還是乾脆捐出去？

張先生一語不發地看著單據，眼眶漸漸紅了，我看著他，覺得這畫面很揪心，鼻頭也跟著酸了。

活人的感受沒有被照顧到，這很令人傷心。

完成她最後的心願

張先生的事情在我腦海裡留下無法磨滅的印象，過了好幾年，我都還能清楚地記得他當時臉上的表情。沒想到幾年後，我卻碰上了另一個完全相反的事件。

那是個意外事故，往生者是名剛滿十七歲的小女生，被送到醫院後不久就走了。當她的父母親趕到醫院來的時候，受到很大的衝擊，哭得呼天搶地，完全沒辦法接受這個事實。

孩子正值青春年華，早上明明還開開心心地出門去上學，誰也沒想到，突然間就躺在醫院裡，沒了呼吸心跳。母親肝腸寸斷，甚至哭到暈厥，被父親攙扶到候診椅上，足足躺了好幾分鐘。

他們是這麼痛不欲生，於是我以為，當醫師詢問他們器捐意願時，他們應該會二話不說地拒絕。沒想到哭得上氣不接下氣的母親，竟想也不想地一口答應。

「您確定嗎？」就連醫護人員也不可置信，瞪大眼睛再問了一遍。

「對。」這位母親抬起頭來，滿臉是淚，眼神卻無比堅定。「我女兒她……她最大的心願就是想當護理師。她曾經說過，如果自己走了，就要把器官捐出去。她想陪伴病患，也想幫助人、救人。

「現在，雖然她沒辦法當護理師了，但她至少還能幫助別人。我能為她做的，就是幫她實現最後的心願。她一定會很開心……」母親哽咽著簽下了器捐同意書，而目睹這一切的我們，視線也跟著模糊了。

遺愛人間，也遺愛親人

生命有時結束得猝不及防，當摯愛離開的時候，家屬常常會被迫在很短的時間內，消化很多資訊、做出很困難的決定。

在實務上，我常常會看見很多家庭為了做決定而發生許多爭執，因此留下許多創傷。

失去伴侶的張先生，或是失去女兒的母親，無論他們最後做出怎樣的選擇，有沒有完成往生者的遺願，我覺得他們都非常勇敢。

其實，我一直都認為，無論是《病主法》當中的預立醫療決定，或是器官捐贈、大體捐贈這些跟身體有關的議題，背後的核心，其實都是在開啟話題、和家人取得共識。

我明白，亞洲家庭比較保守，比較避諱談死亡，即使我家從事殯葬業，都會感到難以啟齒。父親住院時，我也同樣不知道該怎麼開口。

後來是有個契機，我和父親在病房裡看到鳳飛飛女士離開的新聞，她是已經走了一段時間後，才透過錄音檔的方式向大家宣布死訊。父親看著新聞，淡淡地說這樣也不錯。我覺得這似乎是個好時機，才順著這句話，打蛇隨棍上，問父親對臨終有怎樣的想法。接下來的幾天，我就趁他身體狀況相對好的時候，再多問個幾題，只要發現他開始抗拒，我就停止，等下次機會。

我覺得這個方法還不錯，因為我們和長輩多少有點距離感，透過相關的新聞、影劇作品來開啟話題，比較不會讓長輩感到排斥。

另外，如果還想再更積極一點，我們也可以透過自己的作為，進而影響家人。

曾經有好幾位單程旅行社的旅客和我分享過他們自身的經驗，說他們在規劃身後事，比如立遺囑、簽預立醫療決定書，或是購買生前契約的過程中，曾經有意無意地和家人聊起自己的想法，只講自己的，不問對方怎麼辦，只是單純地聊天。

沒想到聊過一次、兩次後，有天家人就突然問他們：「欸，你那天講的預立醫療決定是什麼？再講清楚一點。」

這並不是個案，很多學員都有類似的經驗，所以我想，這應該是個比較平易近人的，能夠開啟生死話題的方式。

我們很難改變家人對於死亡的態度，但可以透過我們的行為，把最多的愛留給他們；讓他們在面對我們的離去時，能夠少一點為難，少一點揪心。

和家人建立共識，照顧好家人的情緒，是我們在臨終前，能為他們做的最後一件事。

聊聊告別事

- 台灣器捐正面臨的困境！
- 認識器官捐贈與大體捐贈

雖然她沒辦法當護理師了，但她至少還能幫助別人。我能為她做的，就是幫她實現最後的心願。

在死亡面前，每個人都是孤獨的

「你要知道，人這一生一定要和孤獨做朋友，真正強大的，是擁抱孤獨的人。」

大家有沒有發現，最近在報章媒體上，越來越常看見「孤獨死」這個名詞？

「孤獨死」原本指的是獨居的人在家中過世後，死亡過了一段時間才被發現的事件。刻板印象中，大家普遍認為獨居老人才有可能面臨孤獨死。

但近年來，由於不婚不生的人口增加、獨居比例攀升、中年離婚率升高、親緣疏離等等因素，孤獨死已經不是單身或獨居者的專利。就算有伴侶，也有可能碰上伴侶先過世的狀況；即使與家人同住，也有可能因感情疏離或其他原因，過世多日才被發現。這樣的情況日益增多，在日本，甚至衍生出「同居孤獨死」這個新名詞。

同居孤獨死

不只日本，「同居孤獨死」的案例，台灣也有。

「小冬瓜，有人在家過世。這個有點重餒，你要多派幾個人來！」

這天，我的電話又響了，是警察打來的。聽到要多派幾個人，我立刻拎起工具，緬緊神經，和同仁戰戰兢兢地趕到現場。

那是間透天厝，往生者住在頂樓，父母親和其他兄弟就住在其他樓層。據說，父母親是因為家中散發惡臭，想到似乎好幾天沒看到往生者，跑去敲他房門，才發現他已經走了。我們到達的時候，往生者的身體已經發黑腫脹，變得十分巨大，可見已經過世好幾天了。

往生者電腦桌上的螢幕還開著，停留在線上遊戲的畫面；他的角色非常帥氣地站在競技場中央，身上穿著盔甲，手裡拿著寶劍。

而電腦桌旁有好幾碗泡麵、好幾瓶飲料，垃圾桶裡全是垃圾……我猜測，他可能總是獨自在房裡解決食衣住行娛樂，和家人互動甚少，才會走了這麼多天之後，才被發現。

「社長，這要怎麼辦？」同仁皺著眉推了推我，小小聲地問。

我一時間沒反應過來同仁在問什麼，定睛一看，才意識到往生者可能是玩遊戲玩到一半猝死，所以是以坐姿倒下的，兩腿分得很開。

他的身材應該本來就滿壯碩的，加上死後多日，腫脹、屍僵、雙腿併不攏，根本無法放進屍袋，搬運的困難度瞬間提高了好幾倍，難怪警察要我帶足人手。

最後，我和同仁就地撕了塊長條形的布條，一端捆住他一隻腳，再用力一拉，將他的雙腿併攏，才能裝進屍袋，帶他走向最後一段路。

我想，發生了這樣的事情，可能有人會認為這個家庭失能。但我離開的時候，他的父母向我道謝，臉上的悲痛並不亞於其他父母。

每個家庭都有各自的課題與難處，背後可能有許多原因，才導致他們走到這一步。每段生命的來去都有他的因緣，不妄加推測、評斷，還給家屬該有的空間，是我們理應做到的溫柔。

每個人嚥氣時都是孤獨的

小時候，我也曾經覺得孤獨很可怕。那時我有個鄰居大哥哥，他每天總是獨來獨往。我從沒看過他與任何同學、朋友走在一起，也從沒見過他家中有別人出入。

有天放學遇到他，我終於忍不住問他，他每天這樣孤零零的，會不會很孤單。大哥哥看著我，沉默了一會兒，幽幽地對我說：「憲鴻啊，你要知道，人這一生一定要和孤獨做朋友，真正強大的，是擁抱孤獨的人。」

那時我好像才小學三、四年級吧，坦白說，我根本聽不懂他在說什麼，只覺得他好像說了一句很「厲害」的話。事隔多年後想起，實在也不明白他為什麼要和一個小學生講這個，難道是動畫看多了，或是正值「中二」嗎？總之，無論原因是什麼，他當時就是這麼說了，而我就是這麼記住了。

長大後，隨著接的案件變多，我才驚覺，當時大哥哥講的這句話，好像真的還滿厲害的。

我們每個人嚥氣時都是孤獨的，能夠陪伴我們到最後的，只有我們自己。我們不能預設臨終時，有任何人會陪在自己身邊，否則萬一有意外，無法符合我們的期待時，就會陷入恐慌。

舉例來說，之前疫情的時候需要隔離，隔離的時候就是一個人住院，一個人躺在病床上，一個人默默看著醫院的天花板，默默地走。就算有再多親人、感情再好，又能如何？

而即使不隔離，只要是生病，病危時就有很大的可能會進入加護病房，當家人趕到的時候，我們可能都已經斷氣了。

血緣並不代表一切，並不是只要有家人、或是和人同住，就會有人來幫忙處理身後事；也並不是獨居、沒有家人，就勢必得孤獨死。

我想我們每個人在面對死亡前，都必須先認知到這一點。

決定世界的模樣

孤獨死本身是中性的，要為它貼上怎樣的標籤，取決於我們。

如果我們認為孤獨死很可怕，為它貼上「淒涼」、「失敗」、「絕望」的想像，那它就會成為恐懼；如果我們認為孤獨死沒什麼，為它貼上「尊嚴」、「自由」、「自然」的標籤，那它就會成為一種必然的結果，端看我們如何定義。

小時候，我家和葬儀社在一起，我的房間門推開，外面就是父親的辦公室。左邊是一排骨灰罈，右邊放棺木，我們的冰箱裡有麵、水餃，還有手指頭、心臟、皮革。因為父親當時承辦很多無名屍業務，為了要採取指紋、保存跡證，必須把這些帶回家處理。他沒什麼禁忌，並沒有特地再買個冰箱來放，而我從小看習慣了，也很習以為常。

記得有次颱風，家裡淹水，必須抽汙水，整個家裡亂糟糟的，都是淤泥和髒水，沒有地方吃飯。我和父親就去買食物回來，坐在接體車的擔架上，吃得津津有味。經過的鄰居看我們這樣都嚇壞，覺得我們也太沒禁忌了吧！

對鄰居來說，接體車是抬死人的車子，怎麼能夠拿來吃飯？但對我們而言，這就是可以吃飯的地方，何必大驚小怪？

所以我覺得，很多事情都是看我們怎麼定義，它就會成為什麼樣子。這世界長怎樣，是由我們決定的。同樣的，孤獨死也是。

如果嚥下最後一口氣時，能夠有家人隨侍在側，那當然很好，但如果沒有也沒關係，就順其自然吧！

換個角度想，如果人還沒走，家屬就已經在病床旁為了爭產而吵起來，搞得烏煙瘴氣，這樣有比孤獨死好嗎？

你的麻煩未必是我的麻煩

有些人對孤獨死的憂慮，是來自於擔心死後多時沒被發現，造成別人的困擾。

事實上，現在有些智能產品，就是為了防止孤獨死而設計的，比如偵測心跳、跌倒的手環，當發現數據異常時，會自動聯繫一一九；又或是日本研發了一種智能冰箱，只要每天開關門一次，就會發送簡訊，向設定的聯絡人報平安。

除了依靠智能設備外，有個學員曾經分享過一個主意，他說，他會每天在臉書上發一篇廢文，當作生存確認，只要親友們哪天沒有看到他的廢文，就知道要來「辦事情」了！

也有學員說，可以把親朋好友們通通拉進一個「互助會」群組，每天傳幾個貼圖，刷刷存在感，定期確認大家的狀況。

我是認為，現在社群媒體很發達，人與人之間的聯繫方式變多了，我們能做的盡量做，定期向親朋好友報平安，把握時間、彼此關心確實很好，但並不需要給自己太大的壓力。

好幾年前，曾經有陣子，不知道為什麼，很多往生大德喜歡到某個風景區尋短。那個時候只要電話接起來，只要一聽到是那個風景區，我就有點腿軟。

因為那邊山路很崎嶇，汽車只能停在很遠的地方，而那個風景區又很大，有時遺體會藏在很深的樹林裡。我們必須爬很遠、扛很重，才能順利把遺體扛回來。但是，有的往生大德不會藏在樹林裡，而會選擇直接吊在山路旁，也就是登山遊客人來人往的地方。

有些人可能會覺得：「哎喲，選在這種地方像話嗎？這樣會嚇到很多人吔！」

這麼說也沒錯，但是，我們每次看到大德在這裡，都會雙手合十，深深鬆了一口氣，由衷地感謝他們。

所以，老話一句，每件事都有不同面向，並沒有絕對。我們擔心增加別人的麻煩，但那麻煩未必是每個人的麻煩，也許對其他人而言，反而是相對輕鬆的選項。

相反的，不論我們再怎麼擔心造成別人的困擾，可能還是會成為某些人的困擾，無法完全避免。既然如此，不如放開胸懷，順時聽天命。

孤獨死就孤獨死，就算死後很久才被發現，就算死在一個很刁鑽的位置，那又怎樣呢？這世界上不是還有我們殯葬業者嗎？處理遺體就是我們的工作之一啊。你負責好好活著，死後，就交給我們吧。

Chapter 2

傳統禮俗的愛與礙

傳統與創新不對立，兼容並蓄

所有的禮俗都有蘊藏在其中的真意，我們要弄清它原本的立意與考量是什麼，傳承禮俗當中的「精神」，而不是拘泥於形式。

不能說的祕密

事實上，少了這張紙，在葬禮上什麼都辦不到。婚禮不只是兩個人的事，而是兩個家庭的事，同樣的，葬禮也是。

都是你把我兒子害死的

在同婚還沒開放前，我曾遇過幾個印象深刻的案例。

有次的往生者是一名自殺的年輕男性，將他送往殯儀館的是他的同居人。自殺的原因我們無從得知，但是隨後而來的家屬一見到同居人，臉立刻垮了下來。往生者的父親甚至衝上前推打他，怒吼著：「都是你把我兒子害死的！如果不是你，我兒子也不會死！」

同居人什麼話都沒有說，只是呆杵在那裡，全然承受這位父親的怒氣。無論這位父親如何打罵，他都沒有反駁。

「聽好了，誰都不准讓他進去！誰讓他進去，我就跟誰翻臉！」這位父親氣沖沖地向在場所有人撂下狠話，嚴正申明自己的立場。

既然家屬這麼要求，我們禮儀師當然只能照辦，以免產生無謂的糾紛。於是，驗屍時他不能來，靈堂他也不能進，更別提出席告別式。

但是，無論遭受怎樣的冷眼與嘲諷，他依然每天都會躲在靈堂外面，默默地看著，無聲地流著眼淚。

有天，值班的大姐大概是於心不忍，趁著家屬還沒來的時候，故意對著他躲藏的那個角落，很誇張地大喊：「我便祕啦！上廁所至少要上半小時，我什麼都看不到喔！」

值班大姐說完就跑了，他小心翼翼地探頭出來，對著值班大姐的背影不斷鞠躬。好不容易進入靈堂，他撲通一聲跪下來，在往生者的遺照前窸窸窣窣說了好多話，流了好多眼淚。

難以承受的祕密

另外還有一對同性伴侶，兩人之間的年齡差距比較大。比較年長的那位擔心自己如果哪天先離開，會為伴侶增添困擾，同時也憂心對方的經濟狀況，便陸陸續續把自己的財產移轉到伴侶身上，包含房子、收藏品等等。沒想到意外來得猝不及防，最後卻是年輕的伴侶先走了。

那時候同婚還沒開放，兩人不只在法律上無關，家人也不認同他們的親密關係。年長的那位不僅在情感上頓失依靠，在經濟上也頓失支柱，更慘的是，當他想為摯愛操辦葬禮，親自送對方一程，也被對方家人阻擋。

有些人會說兩個人在一起開心就好，婚姻不過是一張紙。但事實上，少了這張紙，在葬禮上什麼都辦不到。婚禮不只是兩個人的事，而是兩個家庭的事，同樣的，葬禮也是。

而除了這些不被家屬認同的狀況之外，還有另一種是家屬完全不知情。比如家屬直到當事人過世後，才得知當事人的性向、第一次見到當事人的伴侶；淨身時，才得知原來當事人做了跨性別手術；整理遺物時，才驚覺當事人有異裝癖、特殊性癖好……

身為禮儀業者，我們往往比家屬更早看見這些祕密，而這些祕密對家屬來說，是非常難以消化的。

明明我是你的家人，然而我卻什麼都不知道。為什麼你不告訴我？是不是我不夠關心你？我哪裡做錯了？除此之外，也有沒面子、不認同、社會包袱等問題。

有些葬禮辦得很倉促，正是因為事實揭露得太突然，家屬沒有勇氣面對。

這真的是他想看見的嗎？

隨著同性婚姻的開放及多元性別意識的抬頭，在葬禮上也衍生出了一些問題，比如訃聞怎麼寫、壽衣穿什麼。

在訃聞上，無論是男男或女女伴侶，首先會遇到的就是稱謂問題，大家都很想知道有沒有統一的稱謂可以使用。可惜的是，目前在實務上，還沒有創造出固定的制式用法。畢竟同婚開放才不久，而制式稱謂的產生需要大家的認同，牽涉的範圍比較廣，否則會造成混亂，這可能還需要一點時間才能達到共識。

現在大多採取的做法是省略稱謂，直接寫姓名就好，抑或當事人有宗教信仰，就採取該宗教比較中性的名稱，這些都不失為變通的方法。

此外，性別認同也可能會影響到往生時的衣著。當往生者的生理性別和性別認同相異時，究竟要讓他穿什麼，也是家屬的難題。除了家屬有沒有辦法接受，難免也需要考慮到親戚觀感、社會認同的部分。

身為單程旅行社的導遊，我尊重所有人的想法，也能體諒每個人的難處。只是難免會想，假如躺在棺材裡的當事人看到自己死後的情況，心裡會作何感想？這真的是他想看見的嗎？

已經走到了人生中的最後一段路，能不能讓他以最想要的模樣離開？讓他深愛的人，送他最後一程？

棺材裝死不裝老

我們每個人都像是一座冰山，平時嶄露在外的只有一角，而藏在水面下的那部分深層巨大，不為外人所知。它有可能是一段傷痛的回憶、一句說不出口的道歉，也有可能是一段不敢承認的親密關係、一個想見卻不敢見的人……我們不只羞於向他人啟齒，就連自己也沒有勇氣正視，於是只好日復一日地逃避，越累積越多，也越來越不想去碰觸。

對臨終病患來說，死亡是非常急迫的，只要能多活一天、一星期、一個月都好；只要能多做一件事、多見一個人、多說一句話都是萬幸。但我們平常安逸慣了，很容易有種錯覺，誤以為活著的時間還很長，還有很多時間可以去慢慢處理。

殯葬業有句行話是這麼說的：「棺材裝死不裝老。」意思是棺材裡裝的是「死人」不是「老人」。人不是老了才會死，我們永遠都不知道明天和意外哪個會先到。

村上春樹也在《挪威的森林》一書中說：「死和生不是對立的兩極，死是以生的一部分而存在著。」當我們生的這刻，每一分每一秒，其實也都在邁向死亡。

所以，我們是不是可以嘗試在身體還很健康、心情還很愉悅、可以想幹麼就幹麼的時候，就慢慢去面對內心的陰暗面，融化冰山最深層的部分，和我們所愛的人和解？

如果我們提前預立好遺囑、準備好自己往生時的穿著，當有天面對死亡時，家人的煩惱是不是就會少一些？

反之，當有家人過世時，假如我們能讓一切回歸到當事人自己的心靈認同，是不是就會單純一點？

“

我們常誤以為活著的時間還很長，但誰知道明天和意外哪個會先到？

”

生一個捧斗的

未出嫁的女兒、離婚的女兒，死後不能被寫進自家神主牌位裡，更不能供奉在家裡，那這些女兒怎麼辦？不就無家可歸了？

在傳統的喪葬禮俗中，「男尊女卑」的現象很明顯。有些家庭非常重男輕女，千方百計地想生兒子，為的就是要「生一個捧斗」的。如果家中都沒有男寶寶誕生，長輩就會唉聲嘆氣地說：「害啊！這個家裡沒人能捧斗了。」

捧斗到底是什麼？其實捧斗指的是捧「神主牌位」，並不是指捧骨灰罈。習俗上來說，往生者過世後，靈魂會依附在神主牌位上，而牌位要移動時，必須放進米斗甕，再請家屬捧著這個甕移動。

因為家屬捧著斗，所以這個動作就被稱為「捧斗」，而這個儀式也有象徵「為往生者送行」和「傳承香火」的涵義。

至於為什麼要把神主牌放在斗甕裡，而不是放在水桶、臉盆？或是直接用手拿？有種說法是，由於以前是農業社會，米代表著財富，有米就有財，所以捧米斗有富貴的寓意。在一些比較傳統的家庭裡，也能聽到「長孫是捧斗孫」，可以多拿一份財產的說法。

古時是農業社會，下田耕作、掙取收入的勞動人口主要是男性。男主外、女主內是普遍的現象，久而久之就發展出重男輕女、男尊女卑的觀念。

因此，長男、長子、長孫在家庭裡的地位非常顯著，而這樣的現象也充分反應在葬禮上。最直觀的，就是訃聞上兒女姓名不能並列，男性一定要在前面。

無家可歸的女兒

女性在傳統喪葬禮俗上受到很多限制，比如不能擔任主祭者、不能捧斗，就連往生後，牌位都不能放在原生家庭裡。

此外，在葬禮上，已經出嫁的女兒也不能「走進」靈堂，必須一邊哭、一邊跪爬到靈堂前，這樣的禮俗叫做「哭路頭」。

之所以會有這樣的禮俗，是因為以前交通不方便，出嫁的女兒通常只有在初二時才回娘家，陪伴在父母親身旁的時間很少。萬一娘家有長輩過世，女兒就會自責自己沒有侍奉到長輩，哀傷到無法走路。久而久之，「哭路頭」就演變成一種女兒為了展現孝心的舉動。

兒子為什麼不用哭路頭，則是因為兒子結婚後依然住在家裡，能夠侍奉父母，所以就沒有發展出這樣的習俗。

其他還有些大家或多或少有聽過的，比如已出嫁的女兒不能在清明節時回娘家掃墓，否則會分掉娘家的福分。

還沒出嫁的女兒、離婚的女兒，死後不能被寫進自家的神主牌位裡，更不能供奉在家裡，否則祖先會生氣，甚至會影響到家運。

前面我們有提過，既然神主牌位是「靈魂依附的所在」，那這些女兒怎麼辦？不就無家可歸了？所以，她們就會被供奉在所謂的「姑娘廟」或「菜堂（佛寺、道庵、禪院）」裡。

明明是辦葬禮，卻留下無法磨滅的創傷

所謂的禮俗是「禮儀」和「習俗」，就是「大多數人有共識」、「大家都這樣」演變而成的「約定俗成」。

但是，如今隨著社會變遷與時代變化，有許多在葬禮及告別式上的禮俗，已經逐漸成為現代人的困擾，也製造了許多遺憾。

曾經有個單親家庭，父親只有一個獨生女，父女倆相依為命，感情相當要好。但是父親走了之後，最疼愛的女兒卻不能親自捧斗，反而需

要去聯繫好多年沒見面的堂哥來幫忙。然而堂哥和這位父親並沒有太深的情感連結，在儀式上抱著很輕率的態度，不只時常讓禮儀師和女兒找不到人，即使人來了，也是敷衍了事。

整場葬禮下來，女兒疲憊不堪，最難受的是，她明明是父親最親近的人，卻不能操辦最親近的儀式，事後還得包紅包給得過且過的堂哥。

另外還有個家庭，家中兄弟姊妹很多，最年長的大姊為了照顧年幼的弟妹們，蹉跎了自己的青春，直到往生時，都沒有結婚。

由於未出嫁的女人不能入宗祠，弟妹們最後只能選擇讓大姊用樹葬的方式回歸自然，不立牌位，也不需要祭祀。

雖然省去拜拜、追思的樹葬看似很輕鬆，但是，弟妹們其實非常感念這位一手拉拔他們長大的大姊，這樣的方式反而成為他們心中難以忘懷的傷痛。

同樣的困境也會出現在離婚的女性身上。有位朋友曾告訴我，他的母親過世前，曾表示希望能回家和父母團聚。也就是說，母親希望她的名字能寫進家族牌位裡，和自己的父母親列在一起。

他很想完成母親的遺願，但無論他如何爭取，家族中其他的長輩都不願點頭。最後，他只好將母親放在公塔。每回祭拜母親，看見母親孤苦伶仃、有家歸不得，是他心中非常深沉的痛……

儀式應該用來服務人，不是人去服務儀式

以上幾個真實事件，都是因為大環境改變，禮俗卻沒能跟上而造成的憾事。

其實現在隨著社會結構的不同，無論是女兒或兒子，在法律上的權

利、義務和地位都是相等的；而禮俗是民間沿用的舊習慣，我們不應該墨守成規，一味守著舊框架。

更何況，現在少子化的問題越來越嚴重，一般家庭生得少，親戚間也比較少來往。假如女兒不能捧斗，反而還要到處找親戚幫忙，這不是本末倒置了嗎？

我常常講：「儀式應該用來服務人，而不是人去服務儀式。」所有的禮俗都有蘊藏在其中的真意，我們只要弄清它原本的立意與考量是什麼，是不是和當時的時空背景有關，再彈性地做出調整，這樣就可以了。

就拿捧斗這個儀式來說，既然捧斗象徵著「傳承香火」，我們可以考慮長幼有序，但不需要分男女；由跟往生者最親近的人來做，不應該有性別上的限制。

我們要傳承的是禮俗當中的「精神」，而不是拘泥於形式。

禮俗的用意是為了促進家族情感，葬禮的目的是為了撫慰人心，儀式的本質是建立親密關係。所有的一切都應該是為了拉近距離，把家人更緊密地連結在一起，而不是讓親人成為外人，在彼此心中留下傷痕。

聊聊告別事

- 男女不平等的喪禮習俗該如何改善？

儀式應該用來服務人，
而不是人去服務儀式。

媽媽誰來拜？

「你不要騙我不懂喔！我上網查過了啦！樹葬就代表全沒了，沒墓碑、沒牌位、沒人拜！你是要我媽當孤魂野鬼嗎？」

「社長，外面有家屬找你。」那天上班，員工從外頭進來喊我，他支支吾吾的，表情有點微妙。

我直覺不對勁，還沒走到櫃檯，一名西裝革履的男士立刻衝過來，指著我的鼻子破口大罵：「你們這什麼爛葬儀社！連我媽的遺願都沒辦法完成，還敢說用心服務！你們這樣亂來難道都不怕下地獄？你一定會有報應啦！」

我盯著眼前這張陌生的臉，翻遍腦海中的資料庫，非常確定這是我們第一次見面。

我擔心貿然回話反而增添更多誤會，只能任由他罵，看能不能聽出什麼來龍去脈。拼拼湊湊，好不容易才弄清楚，他的母親日前過世了，而來委託我辦葬禮的，是他的三個兄弟姊妹。

媽怕燒，怎麼可以火化？

「我媽生前一再強調她怕燒，她不要火化啊！她明明提過好幾遍，你們怎麼可以這樣亂搞?!」

這位先生說他長年在德國生活，這次是為了奔喪才回台。沒料到回來之後，才得知他的手足們竟然罔顧母親的遺願，自作主張說要火化、樹葬，而我就是那個慫恿他手足們「大逆不道」的罪人。

「你不要騙我不懂喔！我上網查過了啦！樹葬就代表全沒了，沒墓碑、沒牌位、沒人拜！你是要我媽當孤魂野鬼嗎？」

這位先生火冒三丈，我百口莫辯，只得趁他罵到一個段落，趕緊聯絡委託人，請他們來和他溝通。

沒多久，他的三個兄弟姊妹們趕來了。他們的意思是，土葬不只費用高，找不找得到墓地也是個問題。而如今關於樹葬的事宜都安排好了，此時插手，只是越幫越忙，希望二哥不要節外生枝。

但二哥不接受，在接下來的短短幾天裡，他展現出無比的決心，跑遍了大台北地區的墓園，還真的買到了一塊能夠安放母親的墓地。

「既然費用和土地的問題都解決了，沒道理不按照母親的遺願土葬了吧！」

二哥胸有成竹，沒想到事與願違，三個兄弟姊妹們還是不願意妥協。四人互不相讓，吵得不可開交。最後，少數服從多數，母親以樹葬的方式回歸塵土。

告別式上，二哥哭得泣不成聲，用每位親朋好友都聽得見的音量大聲控訴：「媽，兒子不孝，我們沒有遵照妳的遺願——」

當然，還順便夾雜幾句「爛葬儀」、「爛人」……

我們真的這麼不孝嗎？

這樣的情形在殯葬業裡並不是第一次，也絕不會是最後一次。討論葬禮的過程中，殯葬業者難免會遇到家屬意見分歧的時候，吵起來的、動手的都有。我們畢竟是外人，需要保持中立，只能請家屬充分討論過後，再告知我們協調結果。家屬想要怎麼辦，我們就怎麼做。

有時候，家屬不方便對其他家人發脾氣，就只能把氣出在我們身上。背鍋背久了，我們也漸漸習慣了，就算當下被罵得狗血淋頭，也不會往心裡去，偶爾還會互虧一下對方是「爛葬儀」，笑笑就過了。

然而，上述這個案件之所以讓我印象很深的原因是，表面上看起來，二哥是四個兄弟姊妹裡最為母親著想、最孝順的兒子，而三個兄弟姊妹冥頑不靈、大逆不道，居然置母親的意願於不顧，對吧？

但是，實際上真的是這樣嗎？

站在二哥的立場來看，土葬不用火化，不必擔心媽媽怕痛，更何況，地他買了，錢他也付了，到底還有什麼理由要樹葬？

不過，站在其他人的角度來看，事情就完全不一樣了。

媽媽怕痛，他們怎麼會不知道？只是選擇土葬的話，每年清明都要掃墓拜拜，但是他們各有家庭，各有經濟問題，姊妹也都出嫁，還有人住在南部，要怎麼分配掃墓的工作？

一人掃一年？三人到齊一起掃？更何況，土葬之後的其他後續事宜呢？誰來處理？雖然他們很感激二哥買了地、出了錢，但是辦完喪事之後，二哥拍拍屁股就回德國了，真正留下來面對後續祭祀、掃墓、撿骨事宜的人卻是他們……

媽媽誰來拜？心有餘而力不足的他們，真的這麼不孝嗎？

沒有對錯，只有立場

身在殯葬業，面對各式各樣的家屬及往生者，會被各種價值觀衝撞。而我因有個不凡的父親，更是從小就被不同的觀念洗禮。

小時候曾有段時間，我被父親帶著「跑路」。在這段時間裡，我有個隨身的小包包，裡頭裝著內衣褲和兩、三件衣服，能夠隨時拿起來就跑。我和父親四處奔波、東躲西藏，換過一個又一個住處，不只寄住過不同的叔叔伯伯阿姨家，就連倉庫也住過。最難忘的，是我和父親在一間三溫暖裡，共度了一段不算短的時光。

這間三溫暖裡有洗浴的地方，有打麻將的地方，有泡茶的地方，有播放小電影的地方，也有提供按摩及特殊服務的地方。裡頭龍蛇雜處，有黑道、有警察、有兄弟、有小姐。

在三溫暖裡照顧我的是黑道大哥、大姐們，那些很疼我的阿姨們，有些是大人口中的「小姐」。在學校裡，老師說黑道是壞人，警察是好人，我心裡就會想說：真的是這樣嗎？怎麼和我看到的不一樣？黑道真的都很壞嗎？老一輩的黑道非常「顧家」，在他們的世界裡，什麼都可以崩塌，唯獨「家」不行。

小姐都是墮落的人嗎？她們各有辛酸，和我一起玩的時候，總是玩得比誰都像小孩，笑得比誰都開心。

警察和黑道真的勢不兩立嗎？如果真是這樣，那我怎麼常常看到父親讓黑道大哥和警察一起坐下來喝茶、打麻將？

三溫暖也許不是個適合小孩成長的環境，但是，我卻在這裡學習到一件對我的人生很有幫助的事，那就是這世界上並沒有所謂的框架，每件事都有許多不同的面向。

而且因為我寄住過很多家庭，所以我有很深的體會：每個家庭認為的「乖小孩」並不一樣。

比如住在李伯伯家的時候，只要不吵鬧就是「乖」；但是住在林阿姨家的時候，「乖」還代表著會做家事，不吵不鬧是不夠的。又或是張伯伯喜歡我陪他去公園打棒球，但陳伯伯認為小孩必須待在家裡念書……諸如此類的事情實在太多了。

很多事都不是二元對立的，沒有對錯，只有立場。上述四個兄弟姊妹的案件就是一個很好的例子。

作家三毛說：「心若沒有棲息的地方，到哪裡都是流浪。」只要有心，家從來不是一個固定的地方，不是由固定的要素組成，更沒有固定的模樣。同樣的，葬禮也是。

往生者的遺體需要歸處，活人的心也需要安放。

聊聊告別事

- 火化注意事項
- 樹葬流程大解析！
- 關於環保葬你該知道的事！

讓心安放，何處不是家

“

往生者的遺體需要歸處，
活人的心也需要安放。

”

你憑什麼拿這麼多！

或許弟弟爭的不是那幾百萬，而是那口氣，是父親心中的地位，是他多年來的情感及委屈。

「你把我爸的骨灰罈拿去哪了？」有年清明節，一位數年前服務過的家屬打電話給我，劈頭就這麼問。

「冤枉啊！我怎麼可能會拿骨灰罈？」我被問得一頭霧水，了解過後才得知，原來是家屬掃墓時發現父親的骨灰罈居然不翼而飛。情急之下，才會慌慌張張跑來問我。

骨灰罈憑空不見？怎麼會有這麼離奇的事？

我明白家屬的焦急，於是立刻打電話去附近的派出所報警。但是墓地附近沒有監視器，旁邊雖有一座老舊的傳統寺廟，但看顧門口的管理員年紀相當大，不只眼睛看不清楚，耳朵也重度中聽，大多時間都在睡覺，實在無法提供有效的線索。

是誰偷了爸爸的骨灰罈？

經過一番徒勞無功的忙碌過後，這個家庭裡的兄弟兩人吵得不可開交。遍尋不著骨灰罈的哥哥氣急敗壞，懷疑是弟弟偷了爸爸的骨灰罈；而弟弟認為哥哥無故抹黑他，堅決不認帳。

我回想起當初在協助治喪的時候，這對兄弟就處得相當不愉快，每回見面都是劍拔弩張。

據說父親長年來偏愛哥哥，過世後，就連留給哥哥的遺產也足足比弟弟的多了好幾倍。於是哥哥仗著自己是受寵的長男，大小事一把抓，自行決定父親的葬禮事宜，包含選定墓地等等，都沒有和其他家人討論。

但是弟弟對這塊墓地並不滿意，再加上遺產分配的心結，對哥哥就有諸多抱怨。因此，哥哥才會以為弟弟挾怨報復，故意偷走骨灰罈。

在這裡我先向大家說明一下，無論是往生者的遺體或骨灰，都屬於遺產的一部分，由繼承人「公同共有」。這個「公同共有」是一個法律名詞，意思是：「多個權利人依據法律、習慣或法律行為，共有一物。」

也就是說，骨灰罈要遷移、改葬，是需要所有遺產繼承人同意的。如果有一方擅自偷走，企圖占有，有可能會構成竊盜罪。

究竟為什麼骨灰罈會消失？真的是弟弟偷走的嗎？還是哥哥自導自演？後續結果如何，我就不得而知了。

我只知道，這對兄弟在事業上很有成就，說白一點，其實他們並不缺錢。在我看來，他們爭的可能不是錢、不是遺產，更不是骨灰罈。

父親疼哥哥，弟弟心知肚明，所以弟弟從小到大都在尋求父親認同，就連父親纏綿病榻那幾年，都由弟弟親自照料，完全不假手他人。

沒想到遺囑公布之後，弟弟才發現，原來父親直到生命的最後一刻，仍然比較偏愛哥哥。無論他做得再多，結果始終是一樣的。

我想，或許弟弟爭的不是那幾百萬，而是那口氣，是父親心中的地位，是他多年來的情感及委屈。

骨灰罈最後究竟找到沒？我不知道，正如同我不知道弟弟能不能終有一天，對父親的偏心釋懷？

連兒子都當不好

為了爭遺產而撕破臉、對簿公堂的例子實在太多了，就連我自己也有類似的經驗。

父親過世前，我曾經離家兩年，在這段時間裡，我和父親很少聯絡，對他的生活情形、財務狀況都不是很清楚。

父親臨走前，我答應他要接班，但他走得太急，很多事情來不及交代，只告訴我，如果有不懂的事，可以去問他的合夥人。

父親走後的第二天，應接不暇的親戚、媒體及電話接踵而來，葬禮上每件大大小小的事都需要我決定。我忙得昏天暗地、心力交瘁，沒想到在這時候，公司招牌卻被換掉了。

對方說父親有很多負債，所有的資產都得拿去抵債，但提供的單據上卻沒有父親的簽名。我要求親自過去點收父親的資產，但對方不願意，甚至將父親的資產連夜搬走。

這變化來得措手不及，離開父親兩年的我，對公司這段時間的營運狀況一片空白，根本搞不清來龍去脈。而公司內的信任基礎非常薄弱，在有心人士的操弄下，不到兩星期，就形成兩個壁壘分明的陣營。

對方請律師，我也請律師。對方告我不當得利，說這些資產是父親答應要留給對方的，卻被我侵占。這官司前前後後打了八年。

雖然現在講起來好像雲淡風輕，但那段時間我都在以淚洗面。

知道父親生病後，我一直對於自己離家這件事感到很內疚，直到他過世後，這份罪惡感更是來到頂點，我感覺自己必須用餘生不斷贖罪。

接班是我唯一能夠為父親做到的事，但我卻把這件事搞砸了，難道父親這輩子的心血都要毀在我手裡了嗎？

我怎麼這麼沒用？是不是就是因為我連兒子都當不好，才會把父親害死？我連人都不會做，要怎麼當人老闆？

如果當初我沒有離家出走，父親也許能早點發現自己罹癌；如果當初我留在父親身邊，就會知道他胡亂吃了很多藥；如果當初我還在家，就沒有如今這些糾紛；如果當初如果當初如果當初……然而人生只有悔不當初，一切都來不及了！

我好自責，覺得自己把一切都毀了，甚至動了想死的念頭。

我跑到頂樓往下看，腦海中卻想起那些曾經接過的體，原先為了煩惱油然而生的勇氣頓時全部縮回去。

我真的要以支離破碎的模樣死掉嗎？我卻步了。

我把腿縮回來，連想死都辦不到，更厭惡自己了。

……就當我孬吧！

意外的天啟

慶幸，這一孬，孬了十年，才孬出了如今的我。

這些年來，隨著我處理的葬禮越來越多，眼界越來越廣，當初心理那些過不去的坎，也逐漸得到了釋懷。

有個曾經服務過的案件，給了我很大的衝擊，直到現在，我都認為這個案件或許是老天爺冥冥之中給我的啟示。

那次的往生者是一位在公司裡地位很高的資深主管，他有過兩段婚姻，和前妻生了一個女兒。在他生病的這幾年時間裡，都是第二任妻子在照顧他。

雖然第二任妻子和女兒沒有血緣關係，但兩人感情還算不錯，時常談心、說笑。可惜的是，在得知往生者公司即將撥下一筆金額很高的撫恤金之後，兩人之間的感情就起了變化。

第二任妻子認為她是往生者的主要照顧人，而這幾年往生者住院的醫療費用都由她負責，遠遠超過這筆撫恤金。因此，她得到這筆撫恤金是天經地義，便要求女兒放棄繼承。

但女兒認為這是往生者留給她的遺產，金額高低並不重要，重點是「那是我爸給我的」，繼母沒有資格要求她放棄。兩人僵持不下，鬧上法院，最後繼母拿了一筆和解金，事情才落幕。

只是，雖然法律上的程序結束了，但內心的煎熬還沒休止。繼母內心抑鬱難平，身心狀態一直很不好，最後竟罹患了癌症。

這是個相當遺憾的故事，卻意外地給了我很多想法。

在此之前，我只有女兒的觀點，從來沒思考過繼母的觀點；透過這件事，我突然對糾纏我多年的官司有了不同的看法。

我想，合夥人的心情，會不會和上述繼母的心情有幾分相似？也許對方並不是壞人，只是處理事情的方式比較笨拙？

我糾結這件事糾結了很多年，痛苦、憤恨、不甘的情緒都有，卻忘了，事情從來不是二元對立的。

所有的立場之爭、觀念之爭，都只是因為雙方站在不同的角度和觀點在思考，捍衛著自己的信仰，沒有標準答案。

當我以為自己是受害者的時候，也許，我在別人的故事裡，其實是加害者。

財產變遺產是運氣

旁觀者清，從事殯葬業這幾年來，我接觸過五花八門的遺產糾紛。在這些案件裡，我能很深刻地感受到，家屬們爭的未必是錢，有時是一口氣，有時是愛，有時是存在感。爭產並不是有錢人的專利，心有不甘時，連手尾錢幾十元也能吵。

其實，這些糾紛都是可以避免的。只要往生者生前有充分和家屬溝通、善立遺囑，並且註明遺囑執行人是誰，要採取怎樣的下葬方式、葬在哪裡，遺產要怎麼分配，就不會產生後來的糾紛，更不必讓親人對簿公堂。

可惜的是，在傳統觀念裡，死亡是種諱莫如深的東西，誰先談就是招晦氣，提前分家產更是大逆不道的禁忌，因此才造就了這些遺憾。

我是認為，如今時代已經漸漸在改變了，我們的觀念也可以漸漸改變。在我們還有能力時，把身後事交代清楚，把遺囑寫好，也是一種表達愛的方式。

甚至，我覺得最棒的教育是，父母親不要讓孩子認為「爸媽會把這些錢留下來」。所有的錢都是父母親自己的財產，花光是應該的，萬一不小心沒花完，變成遺產，那才是孩子的運氣。

如此一來，孩子才不會認為「我只要等著繼承遺產就好」，也不會認為「遺產金額代表愛」。

家是講愛的地方，我們把愛留下，不要讓親人到法院去爭愛。

聊聊告別事

- 如何跟父母談身後事？

“

家應該是講愛的地方，
我們把愛留下來。

”

死亡沒有標準答案

「我兒子問我人為什麼會死掉？死掉之後會去哪？他才三歲，
為什麼會問我這個？天啊！我該怎麼辦？」

身為殯葬人員，我最常被問到的問題之一，就是有沒有靈異經驗。而且因為我的左眼有胎記，導致很多家屬或觀眾誤以為我有陰陽眼。

雖然我也覺得這胎記看起來好像滿威的，似乎真有這麼一回事，但事實上，從業這麼多年來，我還真沒有遇過什麼靈異事件。

飯可以亂吃，話不能亂講

唯一和靈異事件比較搆得著邊的經驗，並不是來自我本身，而是我同事。

有次我們到自殺事故現場接遺體，平時大家在現場都很忙，並不會多聊什麼。沒想到那天有個新來的同事，竟在看到遺體的時候脫口說出：「欸，這個女生長得很漂亮吔！為什麼要尋死啊？好可惜喔！」

當時大家手邊都各自在忙自己的工作，並沒多想什麼，忙完就各自回家了。

沒想到接下來幾天，我在公司都沒看見這位同事，一問之下才知道他生了一場大病，食慾不振、上吐下瀉。據說他一連看了好幾個醫生，卻怎麼都治療不好，更離奇的是，他每天晚上都會夢到那位長得很漂亮的當事人，在他面前梳頭髮，靜靜地盯著他……

同事嚇壞了，到處尋求解決辦法，休養了好一陣子才恢復正常。

雖然這件事可能是碰巧，有可能是同事「日有所思，夜有所夢」，但會不會是冥冥之中觸犯了什麼禁忌，才導致發生這樣的結果？

後來，我常常用這個例子提醒新進員工，我們在現場一定要尊重往生者，保持敬畏的心，絕對不要嬉笑怒罵，這在殯葬職場上是非常重要的素養。

媽媽去哪裡了？

這世上有沒有鬼？人死後會去哪？真的有天堂或地獄嗎？死亡究竟是什麼？哪個信仰才是真實的？這些問題在一百個人心裡，可能會有一百種答案。即使我辦過無數場葬禮，也沒有標準答案。

「小冬瓜，我我我、我兒子他——」

前陣子，好朋友打電話給我，慌慌張張的，聽起來有點哽咽，嚇得我一口氣差點提不上來，還以為他兒子怎麼了。

「我兒子問我人為什麼會死掉？死掉之後會去哪？他才三歲，為什麼會問我這個？天啊！我該怎麼辦？說實話他聽得懂嗎？還是我要騙他？不對，我怎麼能騙他！」

這位新手爸爸焦急得不得了，顯然很崩潰。我被他問得又好笑又好氣，差點被他嚇死。

我自己也有兩個小孩，不是不能明白他的心情，既然連我們大人對「死亡」都沒有標準答案，那要怎麼回答孩子？

我曾經接觸過一個家庭，媽媽因病離世，其他家人們出於想保護孩子的心態，始終沒有明白告訴孩子，為什麼媽媽沒有回家。

「媽媽去旅行了，過陣子才會回來。」

「媽媽去很遠的地方玩，回來時會帶很多禮物給你。」

家人們用這些理由安撫孩子，但是這孩子很敏感，過了一段時間之後，他就意識到媽媽不會再回家了。由於不知道真正的原因，到最後他竟開始責怪自己：「都是我不乖不聽話，媽媽才會死掉。」不只學業成績一落千丈、整天悶悶不樂，身形也日益消瘦。最後是直到老師發現了孩子的異狀，其他家人們才得知這件事。

孩子這樣的反應真的讓人很心痛，家人們從來沒想過，原本的用意是為了保護孩子，到最後竟會造成這樣的反效果。

人為什麼會死？

但是，談論死亡真的很困難，萬一孩子無法接受殘酷的事實怎麼辦？有些研究兒童心理的學者建議，我們可以先從「人為什麼會死？」開始。

比方說，有些人是因為得了無法治癒的疾病，有些人是因為發生意外，也有些人是因為天氣變化太大、身體無法承受而死亡。

最重要的是，要讓孩子建立起「死亡和年紀無關，並不是只有老人會死亡，任何年齡層的人都有可能會死」的概念。

接著，再進一步說明「人死了會怎樣」。

好比說，當一個人過世後，他的眼睛就不會再睜開了，會失去呼吸和心跳，沒辦法走路，也沒辦法吃飯……

我們可以藉由一些孩子平常會接觸到的日常用品來說明，比如壞掉的玩具、故障的電器等等，讓孩子更容易理解及想像。

如果真的怎樣都無法跨出第一步，或許能考慮用「說故事」、「讀繪本」的方式來找到切入點。

最後，如果孩子問及：「人死後會去哪？」假如大人有宗教信仰，可以照自己的信仰來回答，比如天堂，或是極樂世界。如果沒有宗教信仰，也可以反問孩子的想法，藉此撬開溝通的大門。行有餘力，還能簡單說明與比較各種信仰的不同，讓孩子對不同的想法多些理解與包容。

告別式演變為全武行

在辦葬禮的過程中，我時常會碰到家庭裡有多元信仰的狀況，最容易產生摩擦的，也在於信仰。

我遇過最驚險的一次告別式，就和信仰有關。

這個家庭裡有三個兄弟，老大信佛教、老二信道教、老三信基督教。由於往生的爸爸從來沒有交代過後事，因此在治喪的過程中，兄弟們為了要使用什麼宗教儀式僵持不下，每個人都堅持要用自己的。

一陣激烈的爭辯過後，家中經濟狀況最好的二哥取得話語權，氣得老三拂袖而去。老三臨走前，怒氣沖天地對家人放話：「我不管了！之後任何儀式都不必通知我，我不參加了！」

但是到了告別式當天，他還是來了。

我們遠遠地看見老三從禮堂那端走過來，身後帶著浩浩蕩蕩一群教友們，個個都面色不善、來勢洶洶，簡直就像是在拍古惑仔電影，自帶BGM。

我和同仁毛骨悚然，很擔心出事，正不知該怎麼辦，老三一行人已經衝過來，把棺木裡的蓮花、庫錢、護心鏡等具有濃厚道教色彩的物品，全都粗魯地扯出來，亂扔在地上。

「爸爸的遺體都還躺在棺木裡吔！你怎麼可以帶這些亂七八糟的人來糟蹋爸爸？」

其他家人看到這畫面，理智線當場斷裂，挽起袖子衝過去。

兩方人馬立刻開打，會場亂成一團，後面的儀式都無法進行了。

只要相信自己會去哪，就會去哪

老三在爸爸的告別式上採取這麼激烈的手段，是不是太過分了？

他說，爸爸晚年都和他在一起，已經受洗為基督徒，只是大哥和二哥不知情；他說，他的信仰是最好也最適合爸爸的，卻因為賺的錢比較少，就被迫放棄。他無法接受，認為自己必須給爸爸最好的東西，才算盡孝。

從這個觀點來看，我們很難苛責他。也許他使用了錯誤的方法，但他的心意卻是貨真價實的。

發生這件事後，我不止一次希望父親還在。

父親一定會跟對方說：「簡單啊，都辦！道教的儀式比較複雜，我們早點開始做，然後我們以佛教為基底，中場的時間給基督教。」

他可能還會笑笑地說：「我們就把簽證給他辦一辦，看他愛去哪就去哪。」

是啊，沒錯，愛去哪就去哪，有何不可呢？

既然我們每個人都不知道最後的終點在哪裡，那我們為什麼不能相信自己想相信的？

只要我們相信自己會去哪，就會去哪。如果我們相信死後會去迪士尼世界，那就是迪士尼。

死亡沒有標準答案，儀式也沒有。但是，共同的心意都是讓亡者好走，讓活人得到安慰。

關懷與尊重生命，及時把握時間與親人相處，才是我們透過死亡與儀式，所能學習到的，最珍貴的禮物。

死亡沒有標準答案，儀式也沒有。但，共同的心願都是讓亡者好走，讓活人得到安慰。

Chapter 3

陪伴與聆聽

生者的傷痛與愛，一輩子

那些曾經親密無間的過往是真的，曾經發生過的激烈爭執也是真的；那些不諒解是真的，對他的愛也是真的。死亡結束了生命，但我和他之間的情感卻會無止境延續下去。

被留下的我該怎麼辦？

小朋友走了，阿姨每天都來看他，但阿姨走了，卻沒有任何親人來探望她。

早年父親承辦很多意外案件，其中不乏自殺事故。

我還是小學生的時候，有次父親接了一個案子，往生者是一個小朋友，事故地點在林森北路那一帶。

那時我年紀小，很多細節已經記不全了，但還依稀記得，小朋友的媽媽從事特種行業，獨自租了間小套房，和小朋友住在一起。而媽媽不知道為什麼，失聯了好幾天，既沒去上班，也沒接聽朋友的電話。

媽媽的友人隱約感到不對勁，旋即聯繫房東，和房東一起破門而入。進到屋子裡時，卻發現媽媽昏睡在一旁，而小朋友已經走了。

生病、高燒、延誤治療。一條小生命就因為生病、高燒和延誤治療而消逝了。

小朋友的葬禮很簡單，沒有告別式，很快就結束了。但是在這段短短的時間裡，小朋友的媽媽每天都來弔唁。

我對那位阿姨的印象很深刻，她很漂亮、很親切，對我很好。每次來，她都會帶很多好吃的餅乾、零食和糖果給我，有時候還會摸摸我的頭，要我乖乖聽父親的話。

我聽見大人們說，那位阿姨的孩子年紀和體型和我差不多，那位阿姨不知道是吸毒還是酗酒，才會連親生小孩死在旁邊都不知道。

我還聽見大人們拉長了尾音說：「林森北路？她做那種工作？難怪喔∼∼」

不久後，我看見那位阿姨的照片出現在靈堂上。父親告訴其他人，她是在住處割腕自殺走的。

我知道，那位阿姨再也不會來了。

我心裡有點難過，更難過的是，小朋友走了，阿姨每天都來看他，但阿姨走了，卻沒有任何親人來探望她。

只有那一句「連親生小孩死在旁邊都不知道？她做那種工作？難怪喔～～」迴盪在靈堂裡。

透明的母親

後來，我開始承辦葬禮，有個家庭令我印象很深刻，也令我回想起了這位阿姨。

這個家庭就像一般尋常的四口之家，有爸爸、媽媽和一對兒女。爸爸因為癌症早逝，我和其他家庭成員有了接觸，才知道，原來這對夫妻當年的婚姻並沒有受到祝福。

爸爸出身名門，而媽媽出身底層，學經歷都被認為無法匹配，因此始終無法撼動爸爸家庭的門第之見，一家人也就和原生家庭漸行漸遠。

在爸爸的葬禮上，親戚們對媽媽沒有好臉色，但還不至於惡言相向。沒想到爸爸走了不到半年，兒子也因為自殺過世了。

兒子沒有留下隻字片語，自殺原因不明，但我卻能感受到這位媽媽承受了相當大的壓力。

在兒子的葬禮上，出現了非常多耳語，比如：「妳最後一次和他聯絡是什麼時候？」「難道事發之前沒有任何跡象嗎？」「妳看不出來他心情不好嗎？」甚至還有「我早就叫我兒子不要娶妳，看吧，他自己病死了，連小孩都走了，妳到底是怎麼當人太太和媽媽的？」

每一句話都像利箭，扎出這位媽媽深不見底的沉默。在兒子的葬禮上，我從沒聽她開口說過任何一句話。

她只是沉默地看著，由著親戚主導孩子的後事，連要怎麼下葬，要不要準備紙紮、蓮花，都不敢發表意見。

可能因為親人過世的傷痛太巨大，也可能因為承受的指責太傷人，她把自己的身影變得很小很透明，彷彿隨時都會消失在這些親戚的冷眼碎語裡。

不幸的是，兒子過世不到幾年，連女兒都留下遺書，失去消息。由於我已經承辦這個家庭兩場葬禮，在這個家族內還有熟識的友人，因此在女兒失蹤的第一時間，就有人聯絡我，希望我能夠幫忙尋人，並且提供了女兒手機的最後定位。

我一看定位，腦海裡立刻浮現了附近好幾個容易出事的地點，便十萬火急地放下手邊的事情，號召了幾名同仁，風風火火地前往找人。

河濱、橋下、廢棄屋……能找的全找遍了，遺憾的是，無論我和同仁們再怎麼努力，都沒找到這名女兒的蹤跡。

我心裡有不祥的預感，卻無計可施，剩下的只能交給警方。幾天後，接到警方通報，等待著我的，是這名女兒的腐屍。

她爬上高樓頂樓上吊，剛好是個視覺死角，很不容易被發現，也因此，過了好幾天才被人發現。

唯一的請求

短短不到數年，父親、兒子、女兒相繼殞沒，一家四口僅餘一人。第三場葬禮上，這位媽媽面容更憔悴、身形更消瘦、存在感也更薄弱了。她一如既往地安靜，變得更卑微、更瘦小，只要旁人隨便一個眼神、一句言語就能刺穿她單薄到無法再單薄的身體。

她越發沉默，親戚們也越發凌厲，我看在眼底有些心疼，只好不斷詢問她有沒有需要什麼、想要什麼，只要能做到的，我都會盡量幫忙。

我原以為她會搖搖頭，向我擠出一個牽強的微笑，正如同以往的每一次。沒想到，這次她遲疑了會兒，竟囁嚅地以許久沒開口的乾啞嗓音，小小聲地問我：「我的孩子躺在棺木裡，身上只蓋著一件衣服，可不可以拜託你，幫我的孩子穿衣服？我好怕她會冷……拜託……」

她的聲音明明很微弱，總是蒼白的雙手卻緊握到發紅，總是垂下的肩膀也拱起來了，像是用盡畢生的勇氣，才終於敢出於自己的意願，說出一句忠於自己心意的話。

我從沒想過會聽見她的聲音，也沒想過會聽到她這樣的請求。

我抬頭望向眼前的她，再看向躺在棺木裡的遺體，眼眶有點紅，鼻子有點酸。

這要求很為難，我卻沒辦法拒絕，也不願拒絕。

根據殯葬管理處的規定，「腐屍不做洗穿化」，意思是只要是腐屍，洗澡、穿衣、化妝都不能做。因為往生者的遺體已經腐壞，稍一不慎，可能就會損壞。無論是家屬，或是我們殯葬業者都不樂見這樣的狀況，若有損傷，責任歸屬更是難以判定，能避免就避免。

但是，如今這請求來自於一名心碎的媽媽，她終於為自己、為孩子，做了一個決定。我再有鐵打的心腸，也無法置之不理。

我和同仁最後決定用剪刀把衣服背面剪開，再小心翼翼地從前面套進去，避免把往生者的手拉斷。

穿好衣服的那一剎那，這位媽媽滿臉淚水。她悄無聲息地哭泣，悲傷卻震耳欲聾。

生者的傷痛，是一輩子的

我時常想，死亡是一瞬間的事，留下的傷痛卻是一輩子。

無論是自殺、意外或是自然死亡的遺族，親人驟逝時，他們首先要面對的，就是各式各樣的殯葬事宜，以及親戚們大大小小的提問。

「你怎麼可能不知道他死了？」

「你沒看出他心情不好？」

「你有好好關心他嗎？」

這些提問有時只是出於好意，並非責難，聽起來卻像是二次傷害。

遺族們忙著處理「事情」，卻沒有空照顧「心情」，等到有時間停下來時，才發現原來自己早已傷痕累累。

「是不是我做錯了什麼？」

「要是我當時做出不同的決定，現在會不會有不同的結果？」

「發生了這樣的事，我有資格活下來嗎？」

每位遺族與往生者之間有不同的羈絆，表達愛的方式也不一樣，不是每個人都能坦然面對自己的情緒，如實說出自己的感受。

親人離世是生命難以承受之重，巨大的悲痛裡往往摻雜著許多複雜幽微的情感，這當中可能有悲傷、喜悅、悔恨、幸福……

「聆聽」遺族們的心聲，比詢問他們「為什麼」更重要。

無論他們的感受是什麼，即使是對往生者的氣憤、不滿、不諒解、失望……都不要緊，只要能說出口，漸漸試著面對它，都是照顧情緒的一種方式，能夠起到療癒的效果。

在心理學裡，有種「敘事治療」（Narrative therapy）講的就是類似的概念。

藉由反覆訴說自己的生命故事，捕捉自己的人生經驗，來認識自我、產生自我認同，釐清及熨撫自己的傷痛。

釐清，才能面對、才能放下。正如同聖嚴法師說的四它：「面對它、接受它、處理它、放下它。」光是顧著處理，是無法真正放下的。

佛教不強調善惡是非，只說緣起緣滅。緣盡了，逝者已矣，遺族必須面對的，卻是一生的功課；每位遺族的心情，都需要被關懷。

如果有人能夠引導遺族說出內心的感受、正視內心的傷痛，事情的發展會不會變得不一樣？

如果我們每個人都能多點理解、多點包容，這世上的遺憾是不是就能少一點？

我管他去死！

只要無線電裡傳出關鍵字 **DOA**，父親就會立刻從椅子上跳起來。短短不到幾分鐘，鬧哄哄的屋子裡只剩我一個小孩。

「那位吳先生已經冰很久了吔！什麼時候才能處理啊？」

「不好意思不好意思，我再聯絡看看。」我連忙道歉。

這位吳先生確實已經在冰櫃躺了一個多月，他不是沒有家屬，但……

「我為什麼要去認領他的遺體？我都已經幾十年沒見過他了吔！我跟你講啦！我對他唯一的記憶就是他每天都喝得醉醺醺的，動不動就揍我跟我媽。我沒被他打死是我命大，他從來都沒養過我，我管他去死！不要再打電話給我了！」

這是我第一百零一次打電話給吳先生唯一的兒子，也是第一百零一次被掛電話。電話喀一聲就斷了，我拿著只剩斷線音的話筒，尷尬得只能苦笑。

最開始，吳先生的兒子其實很客氣。只是，當他得知我們是為了吳先生而來的，態度就變了。

他說，吳先生家暴、賭博、積欠了一堆債務，為他和母親帶來很大的困擾，最後還拋家棄子、人間蒸發。這些年來，母親一手將他帶大，他們母子倆好不容易才找回平靜的生活，為什麼我們和警方都要逼他出面處理吳先生的後事？他想擺脫吳先生都來不及了，怎麼可能幫吳先生辦後事？父不慈，子何必孝？

靠無線電搶案子

處理無名屍的時候，難免會遇到這樣的狀況。

無名屍有兩種，一種就是像上述這種「有名無主」的無名屍，雖然已經知道往生者的身分，家屬卻不願意出面認領；另一種則是「無名無主」，就是無從得知往生者的姓名、身分，因此沒人認領。

在父親那個年代，也就是我小時候，殯葬業是比較混亂的。無名屍業務並沒有固定的葬儀社處理，哪間葬儀社先到事故現場，誰先在遺體上蓋白布，就算誰的，先搶先贏。

那時候，父親會在家裡設置一種他暱稱為「小蜜蜂」的無線電對講機，連接到勤務指揮中心，可以直接聽到哪裡有事故發生。當時我年紀小，聽不懂小蜜蜂在說什麼，只知道小蜜蜂很吵，整天講個沒完。我不明白父親為什麼時時刻刻都要開著小蜜蜂，甚至連吃飯、洗澡，都不肯關掉。

更驚嚇的是，有時候父親明明正在和三五好友圍在一起聊天、泡茶、看電視，但只要小蜜蜂裡傳出關鍵字ＤＯＡ（Dead On Arrival），父親就會像觸電似的，立刻從椅子上跳起來，跨上摩托車，風風火火地衝去現場。短短不到幾分鐘，鬧哄哄的屋子裡只剩我一個小孩，桌上剛泡好的茶都還沒涼呢。

第一次看見這情形的我嚇壞了，完全不知道發生什麼事。一次兩次三次之後，我漸漸習慣了，父親衝出門也好，我就可以獨占電視遙控器了，哈。

長大後，我才知道父親那時這麼匆忙，原來是為了「搶生意」，甚至還因此跟人結怨，在外面跟人家打架。

從前殯葬業裡有些亂象，這都是已經發生的事情，我覺得沒什麼不能講，也沒有想幫殯葬業洗白的意思。各行各業都有些灰色地帶，能夠隨著時間慢慢改進、調整、進步，這樣就好。

無名屍的聯合奠祭

時代在改變，政策也一直在優化，各個殯葬管理處在處理無名屍時的做法也不太相同，但流程大同小異。通常都是先公告三至六個月，造冊後，再舉辦聯合奠祭、火化晉公塔。依各縣市的數量多寡，每年可能舉辦一次到三次的聯合奠祭，一次有八位至十位的無名屍不等。

基本上，無名屍聯合奠祭的方式及流程和一般民眾差不多，該有的儀式不會少，同樣會請師父來誦經。比較特別的是，一般民眾的牌位後面都會放遺照，但無名屍的牌位後放的是公文。公文和骨灰罐上會註記無名屍的性別、發現地點及承辦單位。

這麼做是為了確保有朝一日家屬來協尋的時候，能夠順利將無名主領回，改成有名有主，一家團圓。

被遺忘才是真正的死亡？

雖然無名屍聯合奠祭的流程和一般民眾相同，但無名屍的告別式通常不會有人來。有家屬的，既然家屬都不願認領了，當然不會來；而找不到家屬的，就算家屬想來，也不知道要來。

在吳先生兒子堅持不願認領遺體的情況下，吳先生被歸類在「有名無主」的無名屍中，即將舉辦聯合奠祭。

那天，我如同往常一樣，跑流程，跑儀式，在告別式會場裡等候。沒想到師父才開始誦經，會場門口卻出現了好幾個人，不停往靈堂裡探頭探腦。

從他們的衣著隱約可以看出，他們的經濟狀況可能不是很寬裕，而他們每個人手裡都拿著類似旗子的物品，舉止有點奇怪。

我覺得不太尋常，正想走上前去詢問，沒想到他們之中的其中一個人竟率先走向我，問我這裡是不是正在舉辦吳先生的告別式。

吳先生？我當然知道啊！不就是那位兒子不願意出面認領，家暴欠債還拋妻棄子的吳先生嗎？

「是啊，請問你們是……？」我忍不住好奇地問。

「哦，我們是吳先生的朋友啦！」他揮舞著手中五顏六色的旗子，對我露出一個缺牙的笑容。「我們和他算是教友啦！他很虔誠啊！不管大小活動都會來，但是前幾天，有個教友發現吳先生這陣子都沒來，所以跑去看殯儀館的公告，才知道他沒了。」

他對我比了比他身後的一干「教眾們」，每個人都朝我揮了揮手裡的旗子。

「我們每個人都帶了會旗來，要來送他最後一程啦！少年欸，我們可以進去嗎？」

「當然可以。」我點點頭。雖然他們的會旗搖晃得令我眼花撩亂，組織名稱也長到我記不住，但他們當然可以來參加告別式。

「謝謝！」他大手一揮，身後的教友們魚貫走進會場，還有人對我行禮。

他們找到吳先生的牌位，接著像在舉行什麼儀式般，煞有介事地列好隊形。

「捍衛信仰，直到最後一刻！」這群熱情的教友高舉雙手，揮舞著手中旗幟，振奮地喊著口號。

原來會旗是這樣用的啊？我吃驚地看著眼前五彩斑斕的旗海，突然有種置身嘉年華會的錯覺……這情景有點荒謬、有點熱血，居然還有點溫馨。

「捍衛！信仰！正直！堅強！」接下來他們居然換了隊形，在會場裡踢起雜亂無章的正步。

我哭笑不得，陡然間卻想起吳先生兒子那句「父不慈，子何必孝」，心情有點複雜。

有句話說：「被遺忘才是真正的死亡。」死亡能夠帶走生命，但有些生命，在活著的時候，就已經形同死亡。

究竟怎樣才算是活著？吳先生在兒子心裡曾經活著嗎？那在教友心裡呢？

人與人之間的親密關係又該怎麼衡量？兒子和教友，誰親？誰疏？血緣不是萬靈丹，不是我們怎麼對待家人，家人都要買單；而我們用心對待過的人，即使沒有血緣，可能也會在某些時刻，出其不意地陪伴我們一程。

有血緣又如何？而如果是真心陪伴，沒血緣又怎樣？

生命消逝後，希望如何被記住？

究竟怎樣才算是活著？
人與人之間的親密關係又該
怎麼衡量？

沒問題，我處理

我想繼承父親的遺志，守住他的事業，但是，那我自己呢？
我知道冬瓜會做這件事，小冬瓜也會，但郭憲鴻呢？

二〇一五年二月四日上午十點五十六分，由台北松山機場起飛的復興航空二三五號班機發生空難，墜落於基隆河。機上共有五十八名乘客與機組人員，其中有四十三人死亡，十五人生還。

這是台灣航空史上首次飛機墜毀於河川的事故。

飛機掉下來了

我印象很深刻，那天有寒流，天空灰濛濛的。因為天氣很冷，我和好友正在討論晚餐要吃什麼，好友想也不想地說：「天氣這麼冷，當然要吃麻辣鍋啊！」

「我中午才剛吃了一大碗牛肉麵，太肥了啦！」我才在吐槽他，電話卻響了，是殯葬管理處的長官打來的。

「小冬瓜，飛機掉下來了，有空難。」

「啥？」我差點連電話都拿不穩，要不是對方是長官，我一定以為是惡作劇。

「有空難，在基隆河。」長官那邊背景音聽起來很吵。「現在亂糟糟，什麼情形都還不確定，不知道死多少人，也不知道錢怎麼算，可能拿不到錢。上面估計至少需要三十台接體車，你有沒有辦法做？」

空難？三十台接體車？這只是預估而已，也就是說，可能還有更多罹難者……我嚇到了。

我是殯葬管理處的簽約業者，在正常情況下，搬運一具遺體有固定的酬勞，但這是空難，復興航空可能有他們固定配合的業者，又或是會交給保險公司處理。

也就是說，在責任歸屬尚未釐清之前，不知道要向誰請款、不知道請不請得到款，就連長官也不敢打包票。

需要這麼多接體車，數量一定很可觀；掉到河裡，打撈接體一定很困難；牽扯到好幾個單位，請款一定很麻煩……我腦海中瞬間浮現各種念頭，每個念頭都導向了「吃力不討好」的結論。

拒絕？答應？還沒來得及多想，耳邊彷彿聽見父親的聲音，用台語吼了我一句：「男孩子怕啥小！」

「沒問題，我處理。」在我反應過來前，我已經這麼說了。

「你起痟喔！」掛上電話後，好友罵我：「你處理個屁！沒錢你去做功德喔？」

我笑笑沒回話，立刻開始打電話找接體車。

有錢沒錢不重要，是不是在做功德也不重要，重要的是，我知道，如果是我父親，他一定會做。

先救活人才重要

開始打電話之後，我才赫然驚覺……台北市內的接體車數量根本不到三十台！

台北市的廠商都找遍了，我只好把腦筋動到外縣市，電話一路從基隆打到桃園……歷經了一番波折後，終於湊齊了三十台接體車，風風火火地趕往空難現場。

抵達之後，河道旁擠著滿滿的人，有圍觀民眾、媒體記者、搜救大隊等等，而且因為事故發生的地理位置剛好在台北市跟新北市之間，所以現場有不只一個指揮中心。

我到的時候已經比較晚了，視線內全是密密麻麻的人車，我夾在縫隙，完全無從判斷前面的狀況。

長官急急忙忙地打電話來催我：「你車咧？車在哪？怎麼還沒進來？很緊急啊！」

我告訴長官車全部都在外面，請長官再給我一點時間。掛了電話後，我沒辦法再等了，只好把同事留在車上，自己先衝下車，擠到前面去看狀況。

到了前面才看清，飛機墜毀在河裡，斷成三截，而現場有罹難者、生還者，還有漂流到下游的失蹤乘客，必須出動橡皮艇搜索。

也就是說，大型的拖吊機具車要進來打撈飛機殘骸，警消要進來搜救，救護車要進來救人，接體車要進來接遺體，河堤邊卻只有一條窄仄的小路，寬度只容兩台腳踏車會車。

弄清情勢之後，我認為接體車並不是當務之急，現在應該以救活人為優先，讓大型的拖吊機具車和救護車先進來，但長官卻說他接到的指示就是接體車一定要到。

我是外聯單位，比較自由，於是我主動向長官爭取，希望能當面釐清流程，討論接體車進場的急迫性。

「小冬瓜，我知道你的意思，但現在已經有很多罹難者了，打撈上來之後要初步驗屍，才能送到殯儀館。現場這麼多民眾，媒體記者也在，如果沒有接體車，直接在岸邊驗，這樣很不尊重亡者，對家屬也是二度傷害。」

順利見到長官後，長官明白告訴我他的考量。發生空難已經很不幸，他還是希望能在搜救的過程中，盡量讓亡者保持尊嚴，減少家屬的悲痛。

我覺得長官說得也有道理，大家都想讓事情更圓滿，那不如折衷，我去搭兩個大帳篷，把亡者拉上岸後，就用屍袋圍好，放在帳篷裡面，再進行驗屍。如此一來，也能確保這些往生大德不受風吹日曬雨淋。長官點頭同意了，於是我和同仁們立刻動起來。

巨變中的人性光輝

搭帳篷、下屍袋、打撈遺體……現場有個大白板，記錄著乘客名單：男性幾位、女性幾位、已尋獲幾位、失蹤幾位。

那天有寒流又下雨，氣溫很低，基隆河水流湍急且混濁，不論是義消或搜救隊，即使穿潛水衣下去，都必須分工，每三十分鐘就要起來一趟，否則會失溫。

搜救人員很辛苦，水裡只有十五公分的能見度，更不要說河床下面其實有很多尖銳的物品，樹枝、鐵件、機身殘骸，甚至有搜救人員因此受傷，感染蜂窩性組織炎。

飛機墜毀時，衝擊很大，座椅脫落，有些乘客直接順著水流漂走，在三、四百公尺外才找到，而斷裂的機身裡還有尚未逃出來的乘客。指揮中心試圖想破壞機身，救更多乘客出來，但裂口十分靠近油箱，又擔心貿然破壞會引起爆炸。

這件空難沒有前例，大家都想在最短的時間內，利用有限的資源，盡可能救出更多人。當時的長官真的很辛苦，分秒必爭，壓力很大。

每具遺體打撈上來，我們都要先把遺體擺正、找尋證件，確認罹難者身分，再跟家屬聯繫。

這流程和我們平常接體相同，都很遺憾沒錯，但平常我們一天頂多處理三五件，這回卻是這樣眼睜睜看著一具一具再一具的遺體打撈上來，有老、有小，還有一家子。

前艙的遺體頭破血流，後艙的遺體溺水僵硬，狀態都不是很好，我在短短的時間內就處理了幾十具遺體，處理到後面真的會感受到一種非常巨大的悲傷，很衝擊也很難受。

我的心情很複雜，覺得生命很脆弱，但是在這麼難過的同時，卻也親眼見證到人性的光輝。

那時現場起碼有四、五百人，場面很混亂，包括我在內的每個人都忙得不可開交，根本沒空吃飯喝水。

當我終於有空抬起頭來的時候，竟然發現不遠處停著十幾部貨車，上面放著許多熱飲、熱食及暖暖包、暖爐等物資，都是由熱心的民眾自主提供，讓大家免費取用的。

有句話說「患難見真情」，在這種危急時刻，無論在捨己為人的搜救隊員身上、無償提供物資的民眾身上、想為罹難者保留尊嚴的長官身上……我都充分感受到了溫暖，看見人性的光芒。

為爸爸活，那我呢？

復興空難是個分水嶺，在這之前，我在公司裡管不動員工。因為我是個空降的「二代」老闆，接班前又曾經離家兩年，對公司的營運模式並不是那麼清楚。

所以，當我在公司裡提出任何意見時，那些當年和父親一起打天下的員工就會覺得：拜託，我跟著你爸工作的時候，你還在「媽媽砸摳」吔，我為什麼要聽你的？

卻沒想到我憑著一身憨膽去處理復興空難，而且處理得還算可以。這件事讓他們發現，原來我這個二代有承擔的能力。此後，我在公司裡就逐漸得到了比較多的尊重及話語權。

另一方面，復興空難對我個人而言，也有著很重要的意義。飛機起飛後不到幾分鐘就失事了，投身如此大型的救災現場，親眼見證生命的無常與同舟共濟的同胞之愛，令我不斷反思：生命的意義是什麼？人生的答案是什麼？殯葬對我而言，又是什麼？

我決定要接班的時候很倉促，有點像是被趕鴨子上架，我想繼承父親的遺志，守住他的事業，但是，那我自己呢？

我知道冬瓜會做這件事，小冬瓜也會，但郭憲鴻呢？

你離開之後

「請問，我可以幫我父親洗背嗎？」我問遺體美容師，美容師讓出了位置給我。父親的肩背，仍和記憶中的一樣厚實。

父親走後有很長一段時間，我都過得渾渾噩噩的。

我的時間彷彿凝滯在醫師宣告父親死亡的那一刻，那天是深夜十一點多，因為父親生前曾經說過不想進殯儀館的冰櫃，所以我們在家進行簡單的入殮禮。遺體美容師帶了團隊及工具、機台來，為父親進行清潔、穿衣、化妝。

我陪在一旁，靜靜看著，就在遺體美容師要為父親翻身的時候，我想起了從前和父親一起住在三溫暖的童年時光。

三溫暖是個大通鋪，一群男生打著赤膊在裡面洗澡、泡冷熱池、進烤箱、烘蒸氣。

那時父親會和我玩遊戲，要我幫他搓澡、洗背，我們會比賽誰搓出比較多泡泡，又或是誰洗得比較乾淨。有時我會跑給他追，有時他會把我扛在肩頭……

我已經很多年沒想起這些事了，不知道為什麼，在那當下，所有關於三溫暖的回憶跳上來，歷歷在目。

「請問，我可以幫我父親洗背嗎？」我問遺體美容師，美容師點點頭，讓出了位置給我。

我拿著蓮蓬頭，小心翼翼地站到父親身旁，仔細地為他沖洗。

父親老了，但他的肩背卻和記憶中的一樣厚實，永遠都像是我的天，可以輕而易舉將我扛上肩頭。我彷彿看見童年的自己，他小小的手搭在我的手上，用著我的聲音說：「爸爸，我來幫你洗背嘍！」

童年畫面和如今的交疊在一起，父親的背影始終沒有變，然而他卻再也不會睜開眼睛，笑我搓出的泡泡比他少。

我的天垮了，再也沒有人為我遮風擋雨了。

我不知道自己是誰

父親過世後，我馬不停蹄地處理父親的後事，處理公司的大小事……世界一直催促我往前走，但我連內心都還沒有安定下來。

我很自責，覺得自己從前花了很多時間和父親冷戰、賭氣，卻在他走的那一瞬間才驚覺，原來我之所以能夠這麼恣意妄為，是因為有他擋在我前頭，無怨無悔地罩著我。我很後悔，我想贖罪，但他沒有等我，一切都是我的錯。

我陷入深深的懊悔與悲傷，有時感覺自己已經好了，下一秒卻又感覺自己失去了全世界。

祖父看到父親過世的新聞，回台奔喪，埋怨我沒有通知他。我說這是父親的意思，是媒體擅自披露了消息。祖父紅著眼睛罵我：「那是你爸爸，你要聽他的，但他也是我兒子。」

說起來很荒謬，父親在我心目中一直是頂天立地的形象，我真的從來沒想過，他同時也有著「兒子」的身分。聽祖父這麼說，我心很痛，更加愧疚。

直到經歷這些，我才知道，原來葬禮上常常聽到的「節哀順變」有多麼令人難受。節哀談何容易，又要如何順變？

我只能寄情於工作，把所有的心力都放在守護父親的殯葬事業上，然而我越想彌補，卻越茫然。

我喜歡殯葬嗎？坦白說，我喜歡陪伴家屬，但並不喜歡殯葬。小時候我曾經很害怕死亡，怕的不是「死亡」本身，而是死後會做的那些「儀式」。

我不喜歡往生被、不喜歡念佛機、不喜歡這些形式，如果連我自己都不喜歡，我為什麼還要說服家屬做儀式？

但是，我怎麼能不喜歡殯葬？我不是答應了父親要接班嗎？這就是我唯一能為父親做的事，我有什麼資格不喜歡？

更何況，我現在不就是正享受著父親留給我的資源嗎？這一切都是殯葬為我帶來的，我怎麼能夠一邊得到資源，一邊不情願？

我被困在這種種念頭裡，動彈不得，我一邊當小冬瓜，一邊痛恨小冬瓜。我找不到郭憲鴻，我不知道自己是誰。我很痛苦，非常痛苦。

歸零後，父親來入夢

我試圖讓自己振作，但我甚至連父親的遺物都沒辦法整理。所有的遺物都像是部時光機器，能夠將我拉回往日時光。只要是有父親生活痕跡的東西，無論是寫過的字、穿過的衣服、用過的茶具，都令我感受到莫大的恐懼。

有很多人要我去看父親在電視節目上的訪談，甚至還有製作單位把父親上過的集數燒錄成光碟送我，但我真的不敢看。我一拿到，就把它們全部塞進抽屜裡，一擺就是好多年。

我是這麼懦弱，以至於沒辦法面對父親的遺物，沒辦法看父親上過的節目，也沒辦法面對自己。

更糟糕的是，當我和父親合夥人的訴訟進行了一段時間後，刑事、民事……一場場審議與官司令我心力交瘁。我疲憊得不得了，終於認清自己無法再待在父親留下的公司裡。

我決定淨身出戶，徹底歸零。所有的一切都沒了，父親沒了，公司沒了，我把父親的事業搞砸了。

我沒有守住自己對父親的承諾，無論我喜歡不喜歡殯葬，想不想當小冬瓜，都已經辦不到了。

我很挫折，每件事都是如此絕望，甚至讓我起了輕生的念頭。我不敢告訴任何人，這念頭卻在我心中不斷持續發酵，鑿出了個深不見底的黑洞。

有天夜裡，我翻來覆去，好不容易睡著了，不知道是父親心疼我，還是我日有所思、夜有所夢，自父親過世後，從來沒夢見過父親的我，竟然夢見父親了！

夢中，我和父親一起到事故現場接體，他就像往常一樣，一邊動作，一邊用台語罵我，罵我不知道在衝啥小，笨手笨腳，動作要更快一點。夢裡的我傻傻看著他，知道這是夢，居然被他罵得有點高興，鼻子還有點酸。

我不敢眨眼睛，怕一眨他就不見。他看我這樣，嘴裡明明還在罵我，罵著罵著卻笑了。他拍拍我的肩膀，說：「你已經做得很棒了，加油！」

我從夢中驚醒，滿臉全是淚，我一直哭一直哭，哭到停不下來。我從床上跳起來，冥冥中好像有股力量催促著我，要我去看那些父親留下來的影片。

我把那些被塞進抽屜裡的光碟拿出來，拚命看一直看，終於看到父親在某集節目裡對我說：「因為有你，爸爸才有今天。你不要怪爸爸平常都在忙工作，沒有陪你。爸爸畢竟體力有限，還能賺多久不知道，就是盡量幫你做而已。爸爸是做葬儀的，知道人死後，一切都帶不走，我希望能為你多鋪一點路，你才不會像爸爸小時候一樣那麼辛苦。」

直到看到這段，我才明白原來父親真正想要的並不是我接班，他只是希望我少走一點冤枉路，希望我過得快樂，希望我過得好。

我問鏡子裡的自己：「我快樂嗎？」

不，我不快樂！這幾年來，我一點都不快樂啊！

原來我這幾年來以為的，全錯了。

我怎麼會以為父親希望我抱著公司、抱著小冬瓜不放？

拾回破碎的自己

敢面對自己之後，我終於有了整理父親遺物的勇氣。

我走進他房間，從名片、零錢、雜七雜八的紙條開始，把不認識的，看不懂的字條、紙片全都丟掉，接著整理父親的床頭櫃。

第一格抽屜打開，我就哭了——是藥，第二格抽屜打開——還是藥。他的抽屜裡有好多好多藥，這些藥是哪來的？藥效是什麼？我全都不知道。

我發瘋似地拿著這些藥袋去Google、去問人，發現裡頭有很多是肌肉鬆弛劑和止痛藥，父親可能以為自己是五十肩、肌肉痠痛，殊不知那是癌症擴散造成的結果。

除此之外，還有抗憂鬱的藥，一查之下，我才知道父親當時原來已經看了超過半年的心理醫生。

繼續往下翻，除了數不清的藥，還有我高中時考第一名的成績單。父親以前從來沒關心過我的成績，沒簽過我的聯絡簿，那時候，我拿這張成績單給他簽名，他還很不以為然地說：「少臭屁，這又沒什麼！」

直到現在，我才知道最臭屁的是他。原來他很驕傲，驕傲到把這張成績單偷偷藏在抽屜裡，藏了這麼多年都沒有扔掉。我覺得我一直想要找到他愛我的證明，這張成績單就是證據。

我跟他相依為命，曾經那麼親近，然而我卻把他推得這麼遠，傻到連他一直守在我身後都不知道。

我還發現他把我的學校作品帶去上節目，給來賓看、給觀眾看。我以前很討厭看有他的節目，老覺得他又不了解我，每次上節目都在胡說八道。

他在節目上說我常常帶不同女生回家，其實那些女生都是同一個，只是換了裝扮，他就臉盲認不出來，害我還得跑去跟女朋友解釋，跳到黃河都洗不清。

我一邊整理他的遺物，一邊回想起許多往事，我笑著哭、哭著笑，眼淚好像流也流不完，像要把靈魂全都哭出來。

原來父親最珍惜的不是他的殯葬事業，而是我。

他為了我而衝刺事業，卻因事業冷落我；我為了跟他賭氣而離家出走，卻因離家出走而失去他。我們是一對笨蛋父子，明明那麼深愛對方，卻始終沒有好好表達，白白錯失了許多珍貴的時光。

在整理遺物的過程中，我把那些我不了解的父親拼湊回來，也在過程中拾起破碎的自己，彷彿進行了一場清創手術，接受了曾經發生過的一切。

原來那些我和父親之間曾經親密無間的過往是真的，曾經發生過的激烈爭執也都是真的；那些我對父親的不諒解是真的，對他的愛同樣也是真的。

我可以愛父親，也可以不諒解父親；我可以喜歡陪伴家屬，也可以討厭儀式；我可以離開父親的公司，也可以選擇要不要繼續做殯葬，無論我怎麼選擇，都不會改變我是冬瓜兒子的事實。

這麼簡單的道理，我卻卡住這麼多年，自以為要守住父親的公司，才算是個好兒子。

我當然可以是小冬瓜，也可以是郭憲鴻。這些事從來都不衝突，就如同死亡結束了父親的生命，但我和他之間的情感，卻會無止境地延續下去。

若有似無地，我彷彿聽見自己的時間又開始往前流動。失去父親的好幾年後，被迫歸零的這一刻，我終於正視父親離開的事實，重新找回了自己。

聊聊告別事

- 禮體淨身會做哪些事？
- 親人過世遺物該如何處理？

“

我當然可以是小冬瓜，
也可以是郭憲鴻。
被迫歸零的這一刻，
我終於找回了自己。

”

寫封信給在天堂的你

「小冬瓜，你在學跆拳道啊？學會之後想做什麼啊？」
我都直接回答：「我要打爸爸！」

有句話說：「父母都在等孩子道謝，孩子都在等父母道歉。」親子間總是充滿著各種矛盾與拉扯，想法天差地遠，就如同我與父親。

我為什麼要當個乖小孩？

最開始和父親爆發衝突，是在我小學的時候。很多人不知道，帶大我的母親其實並不是後來的繼母，我都叫她「青眉媽咪」。

父親創業初期非常忙碌，總是青眉媽咪在陪我，她煮飯給我吃、陪我寫功課、帶我出去玩。我和她很親很親，她是我最愛的人。

可惜的是，後來父親的工作越來越忙，眼界和從前不同，和媽咪兩人的目標、價值觀差距越來越大，因此產生很多意見上的分歧。

對父親來說，糟糠妻沒辦法陪他一起追求卓越的情況是很糟糕的，偏偏他又是個非常傳統的大男人，不知道該怎麼和平分手。兩人於是鎮日吵吵鬧鬧，甚至動手動腳、大打出手。

這種日子對媽咪來說並不好受，但她因為捨不得我，把委屈全往肚裡吞，不論父親怎麼對她，她都沒有走。

有天我又看見她躲起來偷偷搽藥，心裡真的很難受。我知道不能再這樣下去了，就找了個父親不在家的時間，跑去拜託媽咪，要她趕快離開父親、離開這個家。

媽咪說什麼也不肯，抱著我一直哭。我很傷心，捨不得和她分開，但更捨不得她被打。我哭著跑去她房間，把她的行李箱拿出來，想幫她收拾行李。

媽咪看我這樣，哭得更慘，我們兩人抱著哭成一團，但是沒時間再哭了，再繼續哭下去，父親就要回來了，媽咪就沒時間跑了。

我一直催媽咪，媽咪邊哭邊收拾行李，她離開前抱我抱得很緊，然而她關門的那一剎那，好像把我心裡的某扇門也關上了。她走了，把那個快樂的、尊敬父親的我也帶走了。

之後，父親不准媽咪來看我，但媽咪會偷偷跑到學校來，拜託老師讓我們見面。老師可能是心疼我，或是拗不過媽咪，又或是兩者都有，總之會瞞著父親，讓媽咪帶我去約會。

從那時候開始，我就很氣父親。那時候很流行學跆拳道，父親也有讓我去學。

長輩看見我穿著跆拳道服，都會笑咪咪地問我：「小冬瓜，你在學跆拳道啊？學會之後想做什麼啊？」我都直接說要打爸爸。因為我真的太憤怒，氣到連演都不想演。

父親告訴我，小朋友的責任就是把書讀好、把功課寫好，我照做，但說好的家呢？你整天不在家，還害我的媽咪也沒了，那我幹麼當個乖小孩？我為什麼要！

之後，為了賭氣，我也變得不太愛念書，和父親之間的感情裂縫越來越深。雪上加霜的是，父親事業正起飛，整天都很忙，忙到常常不在家，經常忘記給我零用錢吃飯。

我不想主動跟他要錢，可能也有點不敢，只好偷偷摸摸地去向父親公司裡的員工借錢。父親知道後大發雷霆，臭罵了我一頓，什麼三字經劈里啪啦都罵出來，罵得我面紅耳赤。從此以後，我得向公司出納領零用錢，領的時候還得簽名，真的很像在辦公事。我的身分不是兒子，只是員工。

小時候我很不諒解父親，長大後卻覺得情有可原。當然啊，老闆的兒子去向員工借錢，多丟臉啊！他可能怕自己又忘記，才叫我去找出納，卻沒想過這麼做會讓我很難堪。

他就是妥妥的直男，只會一條路蠻幹到底。小時候我很氣，現在回想起來卻覺得哭笑不得。

白天潑汽油，晚上逛夜市

日子總是有好有壞，我和父親之間的感情也是。

有時候他心情好，會來和我多說幾句話、陪我練唱，我會覺得我們的感情好了一點；但有時候他忙起來，好幾天沒見到他之後，我又覺得我們之間的連結倒退了不少。

青春期的時候，繼母出現了。父親是個吃硬不吃軟的人，唯有繼母壓得住他。他們兩人脾性都很剛烈，雖然感情很好，但也時常吵架。有次吵得很凶，繼母甚至拿出汽油桶，往自己和父親身上倒，揚言要和父親同歸於盡。

我嚇壞了，躲在房裡打電話報警，警察來了之後，在他們兩人身上都披了防火毯，勸誡了他們好一番，才結束這場鬧劇。更鬧的是，父親和繼母吵成這樣，當天晚上，他們卻手牽手去逛夜市。當時的我一頭霧水，目瞪口呆，真的看不懂大人在幹麼。難道這就是傳說中的「床頭吵、床尾和」？

除此之外，不只繼母會有這種很脫序的行為，父親也不遑多讓。每次他們吵架，父親就拉著我「離家出走」，叫我行李收一收，和他一起搬到公司去住。住了幾天，他和繼母和好之後，又拉著我「搬回家」。這樣的戲碼一而再、再而三地上演。

老實說，我並不排斥繼母，但她和父親之間的吵吵鬧鬧時常令我很困擾。

後來，有次父親又拉著我「離家出走」，我真的發自內心感到很疲憊，就告訴父親，無論他這次有沒有和繼母和好，我都不要再搬回去了，我打算自己住在公司。

我想要有一個安靜的、不被打擾的空間，可以好好念書，好好做我自己的事情，當然，我還是會回去做家事、遛狗。因為父親是生活白痴，他的衣服都是我洗的。

父親當時沉默了，他沒有拒絕我，也沒有答應我，算是默許了我的要求。從此之後，我就搬到離家裡不遠的公司去住了。

你賺的錢我不稀罕

搬到公司後，我和父親自然更疏遠，再加上青春期的彆扭，我們父子間的氣氛總是有點尷尬。

有次我在打鼓，父親在附近來來回回走了好幾趟，他踱過來、又走過去，看起來有點侷促，好不容易才停在我身旁，問我：「你在學打鼓喔？」

其實他一進門時，我就知道他回來了。他在我附近走一趟，我的心就提起來一遍，七上八下的，很希望他能注意到我，更希望他能主動來找我溝通。

但我心中的另一個我卻不以為然，好像深怕期望愈高、失望愈大。

我打鼓打得比平常更認真，踏板也踩得比平常更用力，想用音樂隔絕爸爸。

所以，當他真的走過來跟我說話時，我的腦子卻一片空白，緊張得差點連鼓棒都拿不穩。

我腦中的想法立刻從「他會發現我嗎？他有看見我嗎？他會來跟我講話嗎？」變成「慘了，死定了！他講話了，怎麼辦？我現在該講什麼，我應該用什麼表情回話，這樣講真的可以嗎？我有看起來很冷嗎？天啊！誰能告訴我該怎麼辦。」

「哦……對啊。」最後，我只回了這麼簡單的三個字。

父親看看我，點點頭，好像也不知道該說些什麼，後來就走了。

我鬆了一口氣，有點失望，更多的是懊惱。我還嘲笑父親是直男，自己也沒好到哪裡去。在表達感情這件事上，我們父子倆一樣笨拙。

差不多是同一段時間，父親在殯葬業闖出名堂，聲勢水漲船高，逐漸有談話性節目會邀請父親去當來賓。

我曾經守在電視前看過幾集，但是每次看，內心總是五味雜陳，不太好受，因為我沒辦法接受父親在媒體上的形象。

他口口聲聲說愛我，但是他眼裡明明只有殯葬，忙到整天不回家，根本沒時間陪我。我和他相處的時間這麼少，他連我心情好不好、在幹麼都不知道，他怎敢說他愛我？經年累月下來，我都已經快要搞不清楚愛到底是什麼了！

這樣的念頭在我心裡不斷發酵，長成巨大的黑影，時時刻刻抓住我的脖子，像有根刺鯁在喉嚨，既吐不出來，也吞不下去。

有次，我和父親為了很小的事情吵架，那當下不知道怎麼回事，我覺得那黑影壓得我再也喘不過氣來，於是我向他抱怨，指責他從來沒有照顧我。

「我沒有照顧你？你在講啥物痟話？我做這些都是為了你！」父親看著我的眼神充滿不可思議，我知道他很生氣，非常生氣。

但我也很憤怒、很委屈、很不甘心，他給我的從來都不是我想要的，而他甚至不知道那是什麼。

「為了我？我才不需要你為我做這些，你賺的錢我不稀罕，你留著自己慢慢花啦！」

壓抑多年的情緒一口氣衝上來，我氣急敗壞地吼出來，把震驚無比的他拋在身後，頭也不回地衝出家門。這一走，就是兩年。

原來我只在乎自己

父親過世後的五年，我覺得自己夾在愛父親與恨父親之間的情緒裡，我很痛苦，我卡住了。

我很愛父親，卻無法對過去種種釋懷；我很氣自己不諒解父親，卻又無法真正諒解。

我找不到平衡點，不知道人原來是很複雜的動物，可以很恨一個人，也可以很愛一個人，愛與恨可以同時存在。

我知道階級會複製，從原生家庭裡帶來的觀念、習慣也會。所以有很長一段時間，我都認為自己不明白愛是什麼，沒有把握自己能經營好一段親密關係，建立一個家庭，成為一個好丈夫、好爸爸。

但我太太教了我很多。熱戀期時，她曾經因為我沒有向她報平安而生氣。我們為了同樣的事情吵了很多次，吵到後來，她很平靜地告訴我，如果我因為這件事感到很痛苦，那我可能需要好好思考，自己是不是還沒準備好進入一段親密關係。

她這麼一說，我受到很大的衝擊，因為我發現，原來我根本不在乎別人，我只在乎自己的需求；我只顧著自己要自由，卻沒想過身為另一半的她會擔心。

我們兩個人的性格天差地遠，一人一種想法，根本沒辦法講道理，但是因為我們愛對方，所以必須彼此尊重、包容。勉強對方成為我們想要的樣子，只會兩敗俱傷。

在這段與太太磨合的過程裡，我對自己有了深刻的反思，也才漸漸明白，我和父親相處上的盲點。

在我的成長過程中，我認為父親應該要是巨人，要很睿智、很強悍、很萬能，應該要能處理好家庭關係，處理好親密關係，給我一個完整的家。

但父親認為的「家」，就是不讓我和他小時候一樣窮，就是努力為事業打拚，就是為我鋪路。

我們都很愛對方，但是我們給對方的，卻都不是對方想要的；我們都很希望對方能成為我們理想中的模樣，卻沒有接納對方真正的模樣，因此造成了之後的相愛相殺。

以前我常常埋怨父親，覺得他把親密關係經營得一團糟，認為有朝一日我成為大人，絕不會像他一樣。但當我自己有了親密關係之後，我才驚覺這課題有多難。而且，當我也成為「父親」之後，我才明白自己以前對他的要求有多苛刻。

有時我看著自己的兩個小孩，心裡不免會想，父親當年到底是哪來的勇氣，可以在被通緝跑路的時候，還堅持把我帶在身邊？

我現在的經濟狀況絕對比他當年好，我都不敢把小孩送到昂貴的私立幼兒園了，他怎麼敢？

我越想越汗顏，深感他已經盡力了。遺憾的是，小時候我不理解父親，長大後終於能理解，他卻已經不在了。

欠父親一句對不起

離家出走的那些日子，父親的電話、訊息我都沒有回，直到父親有次傳訊息給我，問我要不要回家吃年夜飯。

一方面因為離家的時間實在太長，另一方面是因為過年不回家好像說不過去，這則訊息打動了我。

那年，我終於鼓起勇氣回家，吃年夜飯的時候，我和父親兩人低頭吃飯，偶爾抬頭看電視，氣氛有點尷尬。我們漫不經心地聊著電視節目，誰都不敢去觸碰我們內心那些沒解開的結。

離家這段時間，我不是不想他。事實上，我知道他很愛我，我比誰都清楚他為我做了多少事。

父親是隔代教養的孩子，他是由阿嬤一手帶大的。阿嬤在市場擺攤賣冬瓜茶，他因而被暱稱為「冬瓜」，當時家中的經濟情況捉襟見肘，非常辛苦。

他的童年生活裡沒有爸媽，因此他很嚮往大家庭。他心目中對於美滿家庭的憧憬與想像，就是一家人圍在一起快快樂樂地吃飯、聊天、看電視。

他小時候求而不得，於是知道有了我之後，就很努力地想方設法，只為了給我最好的。

他帶著我跑路，為了我戒毒，甚至在被通緝、欠債的時候，還能找遍關係，把我塞進一間學費幾乎是天價的私立幼兒園；他為了讓我少吃點苦，沒日沒夜地為事業打拚，洗心革面、重回社會。

父親為我做的，我都知道。

得知他罹癌的消息後，我內心十分煎熬，我在醫院照顧他的每一天，都想為了當初離家出走前對他說的話道歉。

我很內疚、很自責，覺得自己欠他一句對不起，卻怎麼也說不出口。我沒有勇氣面對，只好假裝這件事不存在，一直在逃避。我們每天聊便當、聊天氣、聊新聞，就是沒辦法聊我們之間的爭執、聊我們之間的愛。

直到有天，醫師說父親睡眠的時間越來越長，時間恐怕已經不多了。我才終於放下自己的懦弱，跪在他病床旁，問他：「你愛我嗎？」

他點點頭，毫不遲疑地說：「當然愛啊！」還笑我是個憨囝仔。

他說得這麼天經地義，我卻彷彿花了一輩子尋找這個答案。

人不是在追求完美，而是完整

有句話說：「人不是在追求完美，而是在追求完整。」我很認同。

這些年來，隨著我的身分產生變化，從員工成為社長，從男朋友成為丈夫，從兒子成為父親，我漸漸理解了父親當年的無奈、為難以及身不由己。

回頭看過去，終於意識到這世界上並沒有真正的完美。父親不是我心目中一百分的好爸爸，同樣的，我也不是他一百分的好兒子。

以前我很難接受這件事，對父親、對我自己，都充滿著許多失望、懊惱與矛盾，沒辦法取得平衡。

後來才明白，這些不完美、這些遺憾，都是我的一部分，因為有過這些經歷，我才得以完整。

即便我再懊悔，已經發生的過去都無法改變，我唯一能做的，就是接受它，並且時時告誡自己，不要再重蹈覆轍，好好把握時間，好好愛身邊的人。

說也神奇，釐清了這些思緒，接受了自己的不完美之後，我的內心深處彷彿長出力量，給了我抬頭挺胸往前走的勇氣。

以前我聊父親，總是哭的、悔恨的。但是現在看看這一路走來的歷程，父親給我的是枷鎖？還是禮物？或許兩者都是。

走過了這些人生階段，熬過了那些曾以為走不過去的苦難，我終於與自己和解，不再和自己為敵。

今年，是父親離世的十週年，我決定把這些往事與思念寫下來，寄給在天堂的父親，讓他知道，能當他的兒子，我很慶幸，也很驕傲。

我想告訴他：「爸，我做錯了，我很抱歉；但我也想告訴你，我很愛你，很愛很愛。」

我知道，他可能會說：「幹你很煩欸！真拿你沒辦法。」再笑著對我說：「憨囝仔，爸爸當然也愛你啊。」

父親從來不曾離開，只要我心中思念，他永遠都在。

“

我終於放下自己的懦弱，
跪在他的病床旁，
問他：「你愛我嗎？」

”

以終為始

他打拚了一輩子，只為了給我富有的生活，但是他沒有活出生命的富有，繼母和我也沒有，反而留下許多遺憾。

這十年來，我從見山是山、見山不是山，再到見山又是山，走過了一段跌宕起伏的心路歷程。

從父親的公司離開，接受了自己的歸零之後，我首先面臨的難題，就是——我要不要轉行？還要不要繼續做殯葬？

殯葬對父親而言，是他的一生志業、人生答案，能讓他眼神有光，那我的人生答案呢？

身在殯葬業，卻對生死一無所知

父親的離開，讓我對生死、對殯葬，有了許多截然不同的想法。

我時常感到很諷刺，我明明在殯葬環境長大，比一般人看多了生離死別，應該要更明白生命無常。但我離家出走時，根本沒想過有天會沒時間和父親道別。父親明明還很年輕啊，他才五十歲出頭，怎麼會就這樣走了？

而且，當我的身分從「陪伴家屬」的人，變成「家屬」之後，我才知道原來家屬要面對的這麼多、這麼瑣碎、這麼沉重。無論是遺產、遺物、喪親之痛、人際關係……樣樣都不簡單，每道都是很難跨的坎。

即使我從事殯葬業，對這些事情一樣很陌生。我很會處理儀式，但從來沒有人教我處理心情，更沒有人告訴過我，遺產、遺囑及官司原來有那麼多眉角。

葬禮很快就結束了，但葬禮後才是真正的開始。我們對死亡的理解寥寥無幾，對生命的意義也是懵懵懂懂。

不只是我，父親也是如此。他打拚了一輩子，只為了給我富有的生活，但是拚到後來，我們父子間的感情反而出現隔閡。緊接著，繼母的身體也出了狀況；到最後，連他自己的身體健康也賠掉了。

父親沒有活出生命的富有，繼母和我也沒有，我們之間反而留下許多遺憾。

真正的富有是什麼？努力賺錢到底能不能帶來富有？即使我們自己做殯葬，看多了生死離別，卻也並沒有看得比誰更透澈。

我們的葬禮出了什麼問題？

在這段很茫然的日子裡，有次演講給了我很深刻的啟發。那次分享的主題是「極道父親教我的人生哲學」，我講了很多和父親之間相愛相殺的過程。

演講結束後，有幾位父母眼眶含著淚，緊緊握著我的手，告訴我他們好像知道要怎麼和兒子相處了。

我內心受到相當大的震撼及感動，這才後知後覺地意識到，原來我的人生經驗能夠幫助別人。

向我道謝的父母親，與從前曾經服務過的家屬、逝者的臉龐在我腦海中一一浮現——想讓太太專心哭的藍先生、想為自己舉行生前告別式的佩姿、想為孩子穿衣服的母親、想親自送愛人一程的同志、在告別式上打起來的家屬、無人送終的無名屍，以及復興空難那一具又一具的遺體……

各式各樣的家庭、各式各樣的願望、各式各樣的告別式，以及各式各樣的遺憾，交織而成殯葬的重量。我問自己：承接這些重量的我，能為殯葬環境做些什麼？我可不可以像演講分享一樣，利用禮儀業者的身分來幫助別人？

有很多家屬間的爭吵與糾紛，我小時候看，就是在吵這些——醫療、財務、殯葬、法律及心靈；到我長大，過了二十年再看，家屬吵架的理由還是一樣。

其實這些糾紛與遺憾，只要生前好好交代，和家人充分地溝通，就能避免。如果不幸沒有在生前溝通好，那禮儀師在治喪過程中，就應該盡己所能，提供家屬充分的協助，不要讓同樣遺憾反覆發生。

父親過世前，我曾問他：「爸，你才五十幾歲，這麼年輕就走，會不會覺得很不甘願？」父親笑著搖搖頭，說他這輩子夠了。

他說，他從萬華被吐口水的底層，到被大家肯定，能有這樣的成績已經值得了。唯一的遺憾是沒辦法看我結婚生子。

而遠赴國外尋求安樂死的傅達仁大哥說：「如果可以，誰不想活？」誰不害怕死亡？但害怕又如何？我從父親、傅大哥及許多逝者身上，看到他們的豁達與勇氣。把人生當成一場遊戲，玩到最後一刻，爭取不了就坦然接受。

我不免會想，如果死亡是人生必經之路，那為什麼我們的社會如此避諱談死亡？

我們的生命教育、我們的葬禮，是不是出了什麼問題？

打造一個讓人不害怕死亡的世界

前陣子有位朋友告訴我，他的外國友人不願意讓孩子回台奔喪，說台灣葬禮進行的方式太可怕，問我有什麼想法。

坦白說，我很能理解外國家長的擔憂，小時候我看葬禮，也常常感到很害怕。比如傳統葬禮旁邊會放十殿地獄圖，什麼挖腸破肚啊、炮烙啊、拔舌啊，每幅圖都活靈活現、血淋淋的，別說小孩了，就連大人看也覺得很恐怖。

長大後，我才知道之所以要放十殿地獄圖，是因為以前教育不普及，所以想透過一個人的死亡，讓大家思考自己的人生該活出什麼樣子，勸人向善。

明白這個儀式的精神之後，就不會感到那麼害怕，反而還會覺得滿可愛的，也很合理。但現在已經不是從前那個年代，我們或許不用再掛地獄圖來教育，但儀式的精神能不能保留下來呢？

常有人告訴我，他們很害怕經過靈堂，每次路過，都要繞很遠，更不敢從喪家門前走過。

我覺得這是很遺憾的事情，有生就有死，天經地義，然而我們的生命教育卻是一片空白，沒辦法理解死亡就是生命的一部分，也沒辦法用平常心來面對。

我常想，既然禮儀師被尊稱為「師」，是不是就該扛起「師者，傳道、授業、解惑也」的使命？試著去扭轉社會對死亡的避諱，讓大家用比較健康的態度去面對生命、面對死亡？

禮儀師身為最靠近及最熟悉「死亡」的一群人，比一般人更了解儀式背後的真實意義，更懂得死亡帶給人的體悟及成長。同時也因為接觸的案件很多，應該更了解家屬在治喪過程中會遇到怎樣的難題，以人生導師的角色，帶領家屬一起在過程中成長。

禮儀應該是教育業，最高目標應該是打造一個讓人不害怕死亡的世界，讓大家在活著的時候不懼怕死亡，得到自己想要的善終。

葬禮當然是辦給活人看的

我太太是婚禮顧問，每次我到她的婚宴會場去探班，都覺得很有意思。婚禮和葬禮有很多共同點，同樣都是儀式感很重的場合，都是人生大事，都有來自不同人生階段的親朋好友出席，但也有許多相異之處。

在婚宴會場上看新人走紅毯，一端是新娘的爸爸牽著新娘，在另一端等著的是新郎。

但在葬禮上，我們從來不會看到另一端等著的是西方三聖，或是上帝、阿拉。大家來參加婚禮，是為了獻上祝福，參與新人人生中的重要時刻，和宗教無關。

我覺得葬禮也一樣，大家出席葬禮，是為了參與往生者的畢業典禮，做最後的懷念，信仰根本不重要。家屬、同事、同學、鄰居……曾經陪伴過往生者走過人生歷程的人們，各自帶著這個人的拼圖，在葬禮上緬懷及認識他的不同面向，拼湊成一個完整的他，紀念他的人生，這才是最重要的。

有些人會用很不以為然的口氣調侃：「葬禮都是辦給活人看的啦！」我覺得對啊，沒錯，葬禮當然是辦給活人看的，舉辦葬禮的目的就是要照顧活著的人。

父親曾說：「葬禮是場不能ＮＧ的畢業典禮。」因為這是家屬最後一次，也是唯一一次跟親人道別的機會，這對家屬來說有意義，當然很重要。

一場葬禮要辦得圓滿，其實並不比婚禮簡單。但是婚禮的籌劃，通常早在半年、甚至一年前就開始，葬禮卻要在兩星期內決定所有細節。

在這麼短的時間內，要處理儀式、處理心情，還要解決家人意見不同而產生的分歧，取得共識，是非常困難的。

每個家庭的核心價值不一樣，需要的葬禮也不一樣，有的家庭想辦得很風光，有的是希望儀式簡單、但能夠凝聚家人。沒辦法將一套固定的標準流程，套用在每個家庭裡。

而禮儀師的功能就是傾聽家屬的需求，找出這個家庭真正的需要，站在專業的角度，協助家屬把葬禮的藍圖畫出來，讓葬禮能夠盡量撫慰到每位家屬的心靈，讓家屬只要專心哭就好。

一直以來，我都知道自己不是很喜歡殯葬儀式，但卻很喜歡陪伴家屬。陪伴家屬處理葬禮的過程，相當於陪伴對方人生中最脆弱柔軟的部分，是很溫暖的工作，同時也是我做殯葬最大的成就感。我很喜歡這種「能幫上忙」的感覺。

釐清這些思緒後，我內心對於「要不要轉行、要不要繼續做殯葬」

有了清晰無比的答案。

既然我的生命經驗能夠幫助別人，既然我能透過禮儀業者的身分來陪伴家屬，那我就要將它的價值放到最大。

我不要轉行，但我要轉型。

我決定以影音頻道的方式，透過適當的主題包裝和內容，向大眾傳達關於殯葬的知識和經驗，普及生命教育。

我相信，當葬禮知識越來越透明的時候，大家也越來越能明白死亡的重量，對生命的意義也能產生更多領悟與體會，類似的遺憾就不會一再發生。我能盡棉薄之力，提供良好的治喪環境，讓大家不用死後才上天堂，活著時就在天堂。

很久以前，我曾經看過一篇金城武的訪談，他說他喜歡演戲，並不是喜歡當演員，而是因為只有當演員，他才能參與演戲的過程。雖然拿自己和金城武相比有點不好意思，哈！但我做殯葬大概也是同樣的意思，殯葬不是重點，重點是我能夠透過殯葬幫助家屬、回饋社會。

以終為始，經歷了這麼多年，我終於找到自己的人生答案。

人生沒有白走的路

辦過很多名人的告別式，我最大的領悟就是：人死後就是一堆白骨，無論生前多帥多美多有錢都一樣，有朝一日還是會被忘記。但是，這個人帶來的「啟發」與「精神」卻會留下來，就像遠方的蝴蝶搧動翅膀，會對世界產生無法想像的深遠影響。

好比我們小時候都曾在課本上讀過魚逆流而上的勵志故事，逆流而上的魚是什麼品種不重要，是誰看到的也不重要，重要的是這個故事帶來的啟發。

我覺得父親對殯葬業也有帶來啟發，他從黑道大哥成為幫無數無名屍收屍的殯葬業者，甚至促進了無名屍標案一年一標的立法，改善了某部分的殯葬亂象。

父親讓我明白，只要一個人的起心動念不壞，只要意志力夠強大，就能把一件原本沒人看好的事情做好。

父親留下了很重要的精神給我，當我感到挫折的時候，常常是倚靠父親給我的觀念，才能幫助我撐過去，而我想把這樣的精神傳承下去，幫助更多人。

這幾年來，我成立了冬瓜行旅，陪伴往生者走最後一段路；我成立了單程旅行社，向社會大眾普及殯葬知識；我成立了冬瓜生命教育協會，在社會局的轉介下，幫助弱勢族群處理殯葬事宜。

我曾經很抗拒接班，但兜了一大圈之後，卻發現冥冥之中，這一切似乎都是為了要走這條路。

我學過藝術、跟過劇組、當過臨演，也擔任過攝影助理，這些事看似跟殯葬完全沒關係，結果在我轉型的過程中，這些經驗卻變成很強大的後盾，提供我很大的幫助。

有句話說：「人生沒有白走的路，每一步都算數。」我深有所感。我們的人生就是一段單程旅行，現在發生的一切，有天都會過去，再喜歡的關係，有天都會消失。

就像感情再好的夫妻，一定有一個人會先走，另一個人一定會被孤單地留下來。

既然如此，我們只能把握每一分每一秒，盡量做自己想做的事，盡情體驗人生，把每個片刻都玩得精采、玩得過癮。旅途中的這些點點滴滴，都會造就我們的獨一無二，為這社會留下些什麼。

我是郭憲鴻，是冬瓜的兒子，也是小冬瓜。

我的願望是打造一個讓大家不害怕死亡的世界。我們學習面對死亡，是為了能夠好好活著。

祝福各位旅客都能在人生旅途上，及時道謝、道歉、道愛、道別，不負此生。

把握每一分每一秒，盡量做自己想做的事，盡情體驗人生，把每個片刻都玩得精采、玩得過癮。

後記

落子無悔，享受名為「人生」的單程旅行

雖然我是這本書的作者，但我直到出書才發現，出書是個打團體戰的過程，並不是只要一個人坐下來打字，就能完成一本書。

這本書的完成，需要感謝所有在這條路上陪伴過我的工作夥伴、朋友！三采出版社的微宣、媁婷為我操碎了心，協助的雅婷、亞樹也忍受了我很多怪脾氣。

除此之外，這本書裡的內容，並不全是發生在我身上的故事，更多的是旅客與家屬們的體驗。

他們用自己的經歷，教會我怎麼過人生。也正因為他們的故事如此

令人動容，所以我更願意相信，以書籍的形式流傳下去，能夠不只讓我一人受益。

當然，身為讀者的您一定會發現，貫穿整本書，也等於貫穿我生命的，還是我的父親。

當年我們的爭吵、當年我們的互相傷害……多年以後重新審視，我才能看到他當年的付出，甚至庇蔭我至今。

在後記裡，倒是還想多提一件小事情。父親的喪禮全部結束後，我將父親的骨灰取出一小份，放在一個類似小茶倉的罐子裡，帶著父親去了一趟香港。

因為父親當時在病榻上，其實取消了一個在香港的茶道具展覽攤位。我想，如果不是因為生病，他那個時間應該在展覽會場上，展示著他的茶壺吧。

我擔心大家會害怕，所以把小茶倉放在背包裡，然後正背著背包，走進會場，在每一個攤位前站上十秒鐘，傻傻看著眼前陌生的世界。

茶道具的展覽上有著各式各樣我沒看過、不理解的物品，我帶著父親一同旅行，就這樣在那天「一日遊」了香港。晚上飛機起飛的時候，我才後知後覺地想起……這是我跟父親第一次出國，也是我們第一次搭飛機。畢竟我小學六年級以後，就再也沒有跟父親出去玩過。所有跟父親的記憶，忽近，又忽遠……

這本書對我來說算是一次整理，讓我能夠對自己上半場的人生道謝、道愛、道歉、道別。

道謝，是感謝一路上照顧我的所有朋友們。沒有你們，哪有今天的小冬瓜？包含書中寫道的故事和人們，這十年我就是透過這些和死亡相關的人事物療癒了我自己。

道愛，是謝謝我的家人。你們是我最大的支柱，一直陪著我從低谷，慢慢往上走出不一樣的人生道路。

道歉，是因為過去自己真的不懂事。我對於人生路上有意無意傷過的朋友，或是愛我的、我愛的人們，真的非常抱歉。有些往事已經變成生命中的一道傷疤，相信有些人既不願提及，也寧可視而不見。我並不奢望能夠透過這次的道歉得到諒解，更不想再次打擾，只想祝福一切安好。未來若有機會，希望我能彌補曾經的過錯。

其中更要道歉的是我的父親。生子才知父母時，回想起他的一切，其實他已經盡力了。看著父親當年出書時的後記，他也很想陪陪我，我卻自己錯過了。

有的錯或許能彌補，有的錯真的一點辦法都沒有……父親用他的生命，為我上了最後一堂課。願我能因此，讓遺憾變禮物。

至於道別，則是我與自己的課題。父親離世的這十年，對我來說是「個人的波瀾壯闊」，所有的跌宕起伏，只有我一個人感受。我有很多遺憾，也有很多抱歉，但回想起當初有限的能力，我也已經盡力了。另一方面，我也很榮幸有這麼多支持我、愛我的人，讓我在人生旅途中，找到自己的方向與志業。

此後，對我來說或許又是新的人生階段。

最後其實更要感謝您，我不完美，哪怕是此時此刻的我，也依然還有非常多不足的、犯傻的，甚至是犯蠢的部分。而讀者您竟然能夠看到這裡，對我實在是莫大的支持與肯定。

謝謝您的參與。希望我的書、發生在我身上的故事，能讓您也感受到，人生其實很有趣！

無論好壞，都是人生單程旅行的一部分，都是為了讓我們盡情體驗這趟旅程。

祝福大家在這個名為人生的單程旅行上，旅途愉快！

願我能因此，讓遺憾變禮物

國家圖書館出版品預行編目 (CIP) 資料

生命最後三通電話，你會打給誰？：及時道謝、道歉、道愛、道別，不負此生 / 郭憲鴻 (小冬瓜) 作 . -- 初版 . -- 臺北市：三采文化股份有限公司，2023.09
面；　公分 . -- (Mind map ; 257)
ISBN 978-626-358-164-7(平裝)

1.CST: 生死學 2.CST: 生命教育

197　　112011773

suncolor 三采文化

Mind map 257

生命最後三通電話，你會打給誰？

及時道謝、道歉、道愛、道別，不負此生

作者｜郭憲鴻（小冬瓜）　專案管理 / 執行｜杜雅婷　文字編輯｜亞樹
編輯二部 總編輯｜鄭微宣　企畫選題｜藍匀廷　主編｜李嫜婷
美術主編｜藍秀婷　封面 / 內頁設計｜方曉君
行銷協理｜張育珊　行銷企劃主任｜呂秝萱
內頁排版｜陳佩君　校對｜黃薇霓

發行人｜張輝明　總編輯長｜曾雅青　發行所｜三采文化股份有限公司
地址｜台北市內湖區瑞光路 513 巷 33 號 8 樓
傳訊｜TEL: (02) 8797-1234　FAX: (02) 8797-1688　網址｜www.suncolor.com.tw
郵政劃撥｜帳號：14319060　戶名：三采文化股份有限公司
初版發行｜2023 年 9 月 1 日　定價｜NT$420
6 刷｜2023 年 11 月 5 日

suncolor

suncolor

規劃人生美好告別之旅

I 醫療
II 財務
III 法律
IV 殯葬
V 心靈

HOW TO USE

我的天堂筆記本

總結我在殯葬產業十多年的實務經驗，用醫療、財務、法律、殯葬和心靈五大面向，歸納出多數人常見的疑問，帶你回顧生前，預習告別身後的準備。學習如何迎接與面對死亡。

——— 郭憲鴻（小冬瓜）

我的單程行李箱

在《生命最後三通電話，你會打給誰？》書中，對如何整理自己的「單程行李箱」有更清楚的說明；這裡簡單列出與說明。記得每年都要拿出來檢視、更新，才能做好準備。

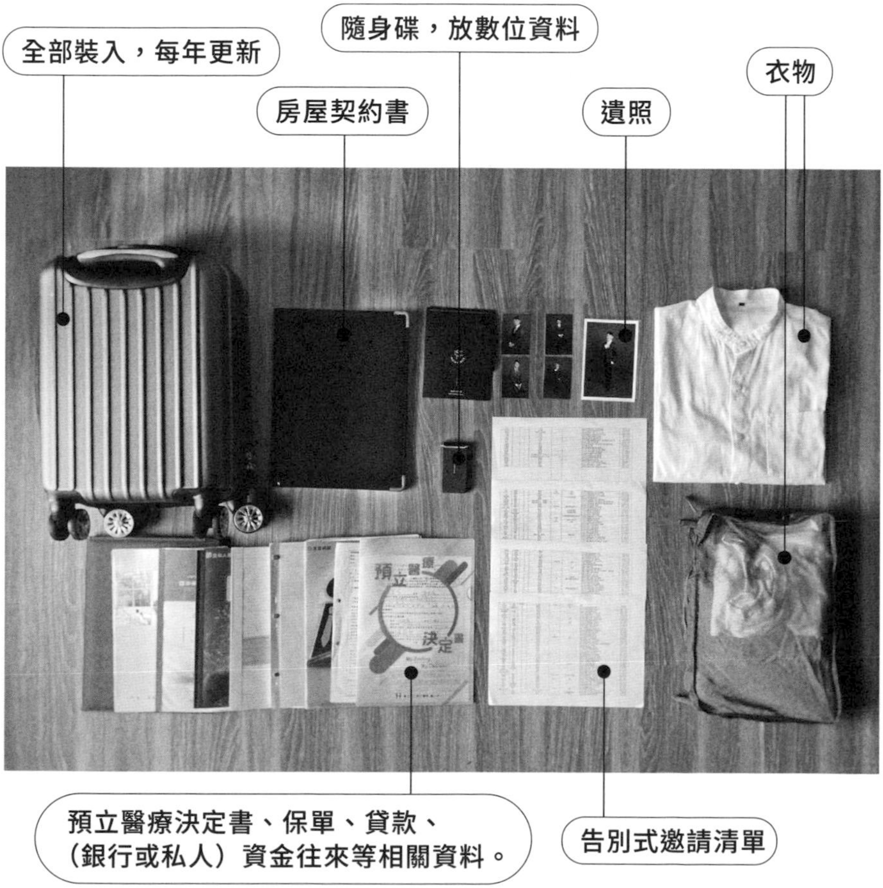

I

醫療

由於醫院的治療與照護都必須基於本人的意願來執行，萬一本人無法表達時，這份重責大任就只能交給家人了。請告知家人自己的決定，不要當成遺囑。這份清單可以幫助您思考自己的意願，免於將這份責任留給惶恐的家人。更重要的是，所有關於醫療的意願，都需要您跟家人溝通、取得家人的理解與支持，這能確保如不幸遭逢事故、身陷困境時，所有關於您人身最重要的意願能被執行。

- ☐ 預立安寧緩和醫療維生醫療暨維生醫療抉擇意願書，簡稱「預立同意書」。
- ☐ 接受 安寧緩和醫療
- ☐ 接受 不施行心肺復甦（DNR）
- ☐ 接受 不施行維生醫療
- ☐ 撤回預立安寧緩和醫療暨維生醫療抉擇意願聲明書，簡稱「撤回聲明書」。
- ☐ 已經簽妥醫療委任代理人委任書，簡稱「委任書」。
- ☐ 我要器官捐贈，已簽署器官捐贈同意書。

同意打√，不同意打×。

- [ ] 我要大體捐贈 ，已簽署「遺體捐贈志願書」。
- [ ] 大體捐贈之「受任人」（家屬）已簽署同意書或已到法院辦理「公證」
- [ ] 其他身體健康狀況的說明，或失智時希望被照護的方式之說明。
- [ ]
- [ ]
- [ ]
- [ ]
- [ ]
- [ ]
- [ ]
- [ ]

備註：請將已簽署的表單影本黏貼於筆記本內，作為參考。其他事項也可註記在筆記本中，幫助家人更了解狀況。

最好的醫療，不是最先進的藥物，
也不是最強大的設備，
而是最符合病人期待的照護。

II

財務

人過世後，動產與不動產會立刻變成「遺產」，而遺產並不能馬上進行分配，得先用來償還債務，例如遺產稅、喪葬費用等。如果債務比資產還要多，繼承人一不小心反而會繼承到債務！除了政府推出的「一站式金融查詢」，可以幫助他人查閱你的金融資產外，還有更多貴重物品、數位資產等，當事人能夠整理得越清楚，越能避免繼承人的困擾！

- ☐ 金融銀行帳戶清單
- ☐ 契約化會員服務之購買清單（如健身房）
- ☐ 訂閱制服務之購買清單（如 Netflix）
- ☐ 數位管理帳密（行動電話、網路、電腦、社群帳戶）
- ☐ 貴重物品（保險箱、信用卡、土地所有權狀、建築所有權狀）整理
- ☐ 投資（股票、基金、保險、債券、黃金 / 珠寶、數位貨幣）整理
- ☐ 借貸（貸款與借款）有無與清單明細
- ☐ 保單清單（整理與記錄各種保險內容，並註明受益人姓名）
- ☐ 其他

＊請將已整理的清單紀錄在筆記本中，相關重要資料影本可黏貼於筆記本中，作為依據。完成的即可☑

什麼是積極的搶救？
什麼是無效的醫療？
每個人的想法不同，
怎麼選都是兩難。

我們常誤以為活著的時間還很長，
但誰知道明天和意外哪個會先到？

III

法律

我國民法規定有五種合法成立的遺囑，可視個人情況選擇適合的立遺囑方式。只要年滿十六歲、心智正常、能清楚表達意思，就可立有效遺囑。請勾選立遺囑類型，並將見證人、公證人、代筆人、執行人等姓名記錄下來。

☐ **自書遺囑**（自己書寫）　☐ **辦理認證**（有請打勾）

☐ **公證遺囑**（由公證人辦理）

見證人一：＿＿＿＿＿＿＿＿

見證人二：＿＿＿＿＿＿＿＿

公證人：＿＿＿＿＿＿＿＿

☐ **代筆遺囑**（適合不便寫字者）　☐ **辦理認證**（有請打勾）

見證人一：＿＿＿＿＿＿＿＿

見證人二：＿＿＿＿＿＿＿＿

見證人三：＿＿＿＿＿＿＿＿

☐ **密封遺囑**（過世前不希望他人知道內容）

見證人一：____________________

見證人二：____________________

公證人：______________________

☐ **口授遺囑**（特殊情況不能依前四種方式）

見證人一：____________________

見證人二：____________________

☐**遺囑執行人**（為你執行遺囑的人）

姓名：________________________

聯絡電話：____________________

律師事務所名稱：________________________

聯絡電話：____________________

＊除了正式遺囑外，是否屬意將某些文物或紀念品指定送給某些人？請寫下來。

遺囑的書寫重點

1. 遺言以及給家人的祝福

2. 財產分配

   A：項目有哪些？（動產、不動產、其他財產——如智慧財產、股票、基金、債權等）

   B：分配方式為何？（依民法為基礎外，有無指定分配）

3. 私人遺物的處理（書籍，衣物，收藏品）

4. 喪禮儀式的處理

5. 其他交辦事項（社交帳戶的後續處理）

6. 未完善項目由誰決定？

7. 個人基本資料（出生年月日、身分資料）

8. 填寫完成的日期時間

究竟怎樣才算是活著？
人與人之間的親密關係
又該怎麼衡量？

若哪天我有個萬一，
就打開行李箱，送我遠行。

IV

殯葬

告別式就像是透過儀式，來建立親友之間的情感連結，並且也幫助傷心難過的親友，進行一次集體性的療傷。每個告別式環節的核心概念，都與「道謝、道愛、道歉、道別」脫不了關係。為自己做好準備與規劃，絕對不會是多此一舉！因為你的意願不但能避免家屬需在短短時間內做無數決定，也能減少眾人在悲傷下還為了「哪種方式對你最好」而爭吵。

- ☐ 宗教儀式的選擇（中式、西式、無特別宗教信仰、其他）
- ☐ 告別式 / 奠禮（EX：舉辦地點？採用傳統或自己設計儀式？ etc.）
- ☐ 遺照
- ☐ 大體衣著裝扮
- ☐ 邀請親友名單
- ☐ 喪葬處理交代（EX：樹葬 etc.）
- ☐ 骨灰安置地點
- ☐ 其他
- ☐

＊請將已完成的打 ✓

往生者的遺體需要歸處，
活人的心也需要安放。

儀式應該用來服務人，
而不是人去服務儀式。

V

心靈

人生最大的恐懼是，面對死亡時，才發現沒有好好地活過。主動面對死亡會更懂得如何生活。死亡這趟旅程，沒有確定的時間，說走就走。擁抱無常，把握當下，擁有平靜與篤定，生命美好而圓滿。尋找心中的信仰，同時學習面對死亡的恐懼和失去的勇氣。靜下來好好整理思緒，寫下心中重要之事。

- ☐ 人生待辦清單
- ☐ 給家人的話
- ☐ 給朋友的話
- ☐ 給夥伴的話
- ☐ 這一生的座右銘
- ☐ 宗教信仰
- ☐ 希望道歉的人事物
- ☐ 其他
- ☐

死亡不只是死後的事，
當我們活著的時候，
就已經是現在進行式。

死亡沒有標準答案，儀式也沒有。
但，共同的心願都是讓亡者好走，
讓活人得到安慰。